世界五千年
科技故事丛书

卢嘉锡题

世界五千年科技故事丛书

梦溪园中的科学老人

沈括的故事

丛书主编　管成学　赵骥民

编著　于　元

吉林出版集团　吉林科学技术出版社

图书在版编目（CIP）数据

梦溪园中的科学老人：沈括的故事 / 管成学，赵骥民主编.
-- 长春：吉林科学技术出版社，2012.10（2022.1重印）
ISBN 978-7-5384-6088-9

Ⅰ.① 梦… Ⅱ.① 管… ② 赵… Ⅲ.① 沈括（1031～1095）
－生平事迹－通俗读物 Ⅳ.① K826.1-49

中国版本图书馆CIP数据核字（2012）第156229号

梦溪园中的科学老人：沈括的故事

主　　编　管成学　赵骥民
出 版 人　宛　霞
选题策划　张瑛琳
责任编辑　朱　萌
封面设计　新华智品
制　　版　长春美印图文设计有限公司
开　　本　640mm×960mm　1 / 16
字　　数　100千字
印　　张　7.5
版　　次　2012年10月第1版
印　　次　2022年1月第5次印刷

出　　版　吉林出版集团
　　　　　吉林科学技术出版社
发　　行　吉林科学技术出版社
地　　址　长春市净月区福祉大路 5788 号
邮　　编　130118
发行部电话 / 传真　0431-81629529　81629530　81629531
　　　　　　　　　　81629532　81629533　81629534
储运部电话　0431-86059116
编辑部电话　0431-81629518
网　　址　www.jlstp.net
印　　刷　北京一鑫印务有限责任公司

书　　号　ISBN 978-7-5384-6088-9
定　　价　33.00元

序 言

十一届全国人大副委员长、中国科学院前院长、两院院士

路甬祥

放眼21世纪，科学技术将以无法想象的速度迅猛发展，知识经济将全面崛起，国际竞争与合作将出现前所未有的激烈和广泛局面。在严峻的挑战面前，中华民族靠什么屹立于世界民族之林？靠人才，靠德、智、体、能、美全面发展的一代新人。今天的中小学生届时将要肩负起民族强盛的历史使命。为此，我们的知识界、出版界都应责无旁贷地多为他们提供丰富的精神养料。现在，一套大型的向广大青少年传播世界科学技术史知识的科普读物《世

界五千年科技故事丛书》出版面世了。

由中国科学院自然科学研究所、清华大学科技史暨古文献研究所、中国中医研究院医史文献研究所和温州师范学院、吉林省科普作家协会的同志们共同撰写的这套丛书，以世界五千年科学技术史为经，以各时代杰出的科技精英的科技创新活动作纬，勾画了世界科技发展的生动图景。作者着力于科学性与可读性相结合，思想性与趣味性相结合，历史性与时代性相结合，通过故事来讲述科学发现的真实历史条件和科学工作的艰苦性。本书中介绍了科学家们独立思考、敢于怀疑、勇于创新、百折不挠、求真务实的科学精神和他们在工作生活中宝贵的协作、友爱、宽容的人文精神。使青少年读者从科学家的故事中感受科学大师们的智慧、科学的思维方法和实验方法，受到有益的思想启迪。从有关人类重大科技活动的故事中，引起对人类社会发展重大问题的密切关注，全面地理解科学，树立正确的科学观，在知识经济时代理智地对待科学、对待社会、对待人生。阅读这套丛书是对课本的很好补充，是进行素质教育的理想读物。

读史使人明智。在历史的长河中，中华民族曾经创造了灿烂的科技文明，明代以前我国的科技一直处于世界领先地位，涌现出张衡、张仲景、祖冲之、僧一行、沈括、郭守敬、李时珍、徐光启、宋应星这样一批具有世界影响的科学家，而在近现代，中国具有世界级影响的科学家并不多，与我们这个有着13亿人口的泱泱大国并不相称，与世界先进科技水平相比较，在总体上我国的科技水平还存在着较大差距。当今世界各国都把科学技术视为推动社会发展的巨大动力，把培养科技创新人才当做提高创新能力的战略方针。我国也不失时机地确立了科技兴国战略，确立了全面实施素质教育，提高全民素质，培养适应21世纪需要的创新人才的战略决策。党的十六大又提出要形成全民学习、终身学习的学习型社会，形成比较完善的科技和文化创新体系。要全面建设小康社会，加快推进社会主义现代化建设，我们需要一代具有创新精神的人才，需要更多更伟大的科学家和工程技术人才。我真诚地希望这套丛书能激发青少年爱祖国、爱科学的热情，树立起献身科技事业的信念，努力拼搏，勇攀高峰，争当新世纪的优秀科技创新人才。

目 录

目 录 _____

家 世

沈括生于钱塘（今杭州）的一个官僚家庭里。

父亲沈周中进士后，主要做的是地方官，先后到过四川、福建、河南、江苏。

沈括从小跟随父亲走南闯北，眼界大开。壮丽的山水，广阔的原野，像一幅幅图画似地在他眼前展开，培养了他对大自然的强烈兴趣，也引起了他对祖国的无比热爱。

沈周是个安分守己的读书人。他深受儒家思想的影响，忠君爱国，勤政爱民，整天忙于公务，很难抽出时间过问幼年沈括的读书问题。

这样，对沈括的教育重担就落在了母亲许氏的肩上。

许氏出身于苏州一个书香世家，是个知书识礼、文化修养极深的名门闺秀。她的祖父许延寿官至刑部尚书；父亲许仲容曾任太子洗马。刑部尚书是刑部的主官；太子洗马是太子太傅、少傅的属官，掌文翰书籍，多由有才名的官僚子弟担任。受父亲影响，许氏博学多才，无书不读。她把学识都传授给了两个儿子。

许氏的二兄许洞是1000年（咸平三年）进士。许洞是个文武全才。他以文章和政见知名于时，又擅长武术，精通军事理论。他所著的《虎钤经》是继《孙子兵法》和李筌所著《太白阴经》之后的一部著名军事著作，因而他被公认为杰出的军事战略学家。他的著作许氏全能背诵。许氏深得许洞学识之精华。沈括在母亲的教导下，继承并发展了许洞的学说，因而在文武方面均有建树。

沈括在母亲的悉心教导下，养成了好学的习惯，对什么都感兴趣，对什么现象都要动脑去思考。他兴趣广泛，涉及天文、地理、地质、物理、数学、化学、气象、工程技术、生物和医学等各个方面。

好学深思

沈括从一会走路起，就天天跟着哥哥往书房跑。

沈括的哥哥叫沈披。小哥俩望着书房里的藏书，好像发现了宝藏。他们用一双小手捧起了书，也学着父亲的样子，咿咿呀呀地读起来了。

母亲望着两个天真无邪的小宝宝，幸福地笑了。

沈括的父亲沈周爱书成癖，家中藏书很多，四书五经、诸子百家，应有尽有。不论是什么书，虽然家里已经有了，只要一出现了新的版本，沈周总是不惜重金买来。

母亲许氏见小哥俩总是咿咿呀呀地读着，觉得很逗。一天，母亲问小哥俩说：

"你俩在干什么呀？"

沈披回答说：

"我们在读书呀！"

沈括也附和说：

"是的，我们在学爹爹读书。"

许氏笑着说：

"真乖！书里都讲些什么，说给娘听好吗？"

"这……"沈披支吾了半天，没有说出来。

沈括闪了闪一双大眼睛，好像明白了什么似的，对母亲说：

"娘，可真的，这书里都讲些什么呢？"

许氏问道：

"你俩 想知道吗？"

小哥俩异口同声地说：

"想！"

许氏诱导说：

"要想知道书里讲些什么，得先认识字。认识了字，什么书都能读懂了。"

小哥俩一听，忙扑到许氏的怀里，争着说：

"娘，教我识字吧！"

"娘，我要识字！"

许氏爱抚地拍着两个小宝宝，笑着说：

"好的！好！娘来教。"

许氏一手领着一个小宝宝，来到书架前，取下一套《白氏长庆集》，翻了翻，开始教起来。母亲一个字一个字地教，儿子一个字一个字地念。不一会儿，书房里响起了朗朗的读书声：

离离原上草，

一岁一枯荣。

野火烧不尽，

春风吹又生。

远芳侵古道，

青翠接荒城。

又送王孙去，

萋萋满别情。

在母亲的关怀下，小哥俩开始识字读书了。

光阴似箭，日月如梭，一晃十年过去了。小哥俩把家中的藏书都快要读完了。

父亲沈周见两个儿子喜欢读书，心里很高兴。

哥俩越读越爱读，渐渐养成了读书的习惯，书房里的灯有时到了后半夜还亮着，哥俩仍在伏案读书，不肯去休息。

沈括自幼体弱多病，母亲见他读书用功，怕他累坏了，常劝他说：

"不要黑夜白天地苦读，累了就出去玩玩，活动活动身体。"

沈括特别听话，总是恭恭敬敬地答道：

"是，母亲。儿记住了。"

但是，沈括好学成癖，一读起书来就忘了黑夜白天。这时，母亲又不得不时时提醒他。

这样，在母亲的提醒下，沈括每当读书太累的时候，就到外面走走。

一天，哥俩正在书房里，仆人走近说：

"二位少爷在此读书，府上来一客人，送给老爷一幅画，不知是何物，特别大呀！"

沈括闻听撒腿便奔向父亲的书房，走到门口放慢脚步，偷偷向里张望，见房中无人，喜上眉梢，跨入屋内，只见一幅图画放在几案上。沈括近前把画展开，画面上画的是捕到的一条南海鳄鱼。画上的说明里写道：

鳄鱼像小船那么大，身上黄一块绿一块的，牙齿像锯齿那样锋利，尾巴上长着三个钩。遇见动物，鳄鱼就用尾巴把它们打死吃掉。

沈披见弟弟进了书房，便知父亲与客人都不在房里，也跟随进来。沈括看后转身对哥哥说：

"如能亲眼看看鳄鱼，该多有趣啊！"

沈披望着画中的鳄鱼，点头说：

"百闻不如一见呀！"

由于沈括好学苦读，十四岁时便读完了家中的藏书，还读了所有能够弄到的书籍。

小小的沈括，成了远近闻名的博学少年。

有一次，他发现父亲躲在书房整日不出门，便知父亲又买到新书了。案上堆了好几部新版线装书，沈括翻开一看，原来是东汉著名经学家郑玄的作品。郑玄一生致力于注释群经。经他注释的有《周易》、《尚书》、《毛诗》、《仪礼》、《礼记》、《论语》、《孝经》、《尚书大传》、《中侯》、《乾象历》，对后代的经学影响巨大。他的学说被称为"郑学"。沈括看到这些书如获至宝，每当父亲不在时，便不分白天黑夜地阅读。这两日衙门无事，父亲便在家里看书，沈括急得像热锅上的蚂蚁。这时沈披又找他去海边玩耍，沈括不耐烦地说：

"昨天已经去过海，今日为何还要去？"

沈披嬉皮笑脸地说：

"昨天大海发怒，今日海滩上一定有许多稀奇玩意儿，不去会后悔的！"

沈括无奈，只好依从哥哥去海边。来到海边，他感到惊讶。昨天，满眼都是黄滔滔的浊浪，今晨却变成了一片无边无际的青翠的草原。海水略呈暗绿色。风不大，水面上荡漾着一朵朵银白的浪花。海燕贴着水面低飞觅食，水母像一把肉伞似的在水中探头探脑地漂浮着……岸边有许多人捡被海水冲上沙滩的海物。突然听哥哥喊道：

"你看那边是什么东西？"

沈括跑过去仔细观看，只见足有簸箕那么大的一种贝类动物，二人都不知是何物。沈括见前面有一个老翁，便问道：

"老伯，这是什么东西？"

老翁笑道：

"你们一定不是本地人，本地人都认识此物，它叫'车渠'。"

沈括听了"车渠"二字，觉得在什么地方见过这两个字。回到家中偶然想起，"车渠"二字在郑玄为《尚书大传》作的书中，把书中的"车渠"解释为"车轮的外圈"。他急忙跑到书房翻开书，用笔圈上，并写道："此处有误。"事过之后，沈周看到此处，估计一定是沈括干的，便把他叫到书房问道：

"这书中的字是你写的吗？"

沈括点头说：

"是。"

"你为什么这样做？"

沈括理直气壮地说：

"书上写错了。"

"你可知道此书是何人所著？"

"是经学家郑玄所著。"

"既然如此，你怎么敢涂改？"

"不管什么人，只要错了都应改正。"

"你有什么根据认定有错？"

"当地人都称一种海中贝类动物为'车渠'，怎能是车轮的外圈呢？"

沈周听了无言可对，只好作罢。此事对沈周震动不小，于是，为十二岁的沈括请了一名老师。从此，沈括和哥哥从师攻读四书五经，长达十二年，从未间断，系统地接受了儒家思想的教育。

后来，沈周赴简州平泉县（在今四川简阳一带）做地方官，沈括跟随父亲来到平泉县。途中，沈括看见农民插秧，都骑着秧马。秧马是一种小船似的农具，插秧时骑在上边滑行，秧插得快，人也不劳累。沈披看了赞叹道：

"百姓真有办法，这样耕作可省许多力！"

沈括听了，对哥哥说：

"哥哥才知道这秧马？别小看平民百姓，他们中间有许多能人，他们发明了灌溉用的脚踏水车，叫龙骨车，王安石曾为龙骨车赋诗说：山田久欲坼，秋至尚求雨。妇女喜秋凉，踏车多笑语，……欹眠露下轿，侧见星月吐。龙骨已呕哑，田家真作苦。"

沈披说：

"弟弟知道得真多，谁教你的？"

沈括说：

"我看见这些稀奇玩意，便向人家请救。农民自然贫苦，但是非常质朴，只要你虚心向他们请教，他们都细细讲给你听，道理都不难，只是发明者令人佩服，他们常年劳作在土地上，日积月累，积累了许多经验，于是发明了许多既省力又省时的工具。他们还发明了耧车、水排、江东犁等。"

说话间，望见远处站着许多人恭候他们。原来县里的豪绅听说来了新县令，都争先恐后前来迎接。

来到了新地方，沈括感到什么都新鲜，闲暇的时候便到处游览。看到渔夫指挥着成群的鸬鹚在河里捕鱼，沈括简直入了迷。他跟着鸬鹚在岸边奔跑。他从内心深深地佩服平民百姓，他们中间蕴藏着无穷无尽的知识和力量。他们能驱使鸬鹚做事，真是人定胜天了。

有一天，他突然病倒了，脸色苍白，眼眶发青，昏睡了好几天。许氏急得泪流满面。父亲到处求医，经多方医治才有所好转。沈括病愈后，得知发病期间父母为自己寻医求药的情景，深感不安。从此，他对医药产生了兴趣。以后，他曾苦心孤诣地为搜救药方和研究医术下了一番工夫。他从十多岁开始收集良方，只要听说哪里有良方，他总是不辞辛苦，想方设法收集到手。上至达官显宦、书香之家，下到平民百姓或和尚、道士。沈括无不求访。一药一术都来之不易。他晚年写成《良方》一书，留给后世。可见他一生做事都非常执著。他的成就和少年时代的好学是分不开的。

　　沈括病愈后，更加勤奋好学，几乎整天关在书房里，他要把损失的时间补回来。

离家赴任

1051年（宋皇佑三年），辛苦了一生，饱经宦海风波的沈周在故乡钱塘去世。

按照当时的规定，父母去世后，儿子要为父亲守丧三年。在这三年内，不许饮酒娱乐，不许外出做官，必须待在家中表示哀悼。

二十三岁的沈括也按照当时的规定，开始在家为父亲守丧。

1054年（宋至和元年），沈括守丧完毕后，承袭父荫，做了海州沭阳县（今江苏沭阳）主簿。

按照当时规定，朝廷命官去世后，儿子可以做官。这种制度称为"承袭父荫。"

沈括离家赴任时，曾赋诗言志，表示一定要做一名好官，尽职尽责，为朝廷效力，为百姓分忧解难。

母亲许氏见儿子要走了，谆谆嘱咐说：

"儿啊！此去不要想家，要忠于职守，爱民如子，做个好官！"

沈括见母亲两眼湿润，满脸慈祥的样子，不禁动情地说：

"娘放心吧，孩儿此去一定要'致君尧舜上，再使风俗淳'。"

许氏听儿子吟诗言志，要像唐朝大诗人杜甫一样，不由得笑了：

"杜工部这两句诗，是他一生的座右铭。他忠君爱国，要使君王像尧舜一样；他爱民如子，要使风俗再度醇正。但他的理想落空了，最后含恨而死。你现在吟出杜工部的这两句诗，是以杜工部自许，可不要说大话呀！"

沈括也笑了：

"孩儿尽力而为，决不让娘失望。"

这时，离别的气氛变得欢快了。

原来，沈括自从拜师受教之后，认真地攻读了四书五经、孔孟之说，前后长达十二年，从未间断，系统地接受了儒家思想的教育。在儒家思想的影响和熏陶下，沈括已成长为一名热爱祖国、忠于君王、孝敬父母、尊重师长、对朋友讲信义、关心百姓疾苦的读书人了。在儒家治国平天下、救世济民的宏愿的感召下，沈括决心为君王和百姓做一番大事业。

许氏见儿子已经成熟了，由衷地笑了：

"娘放心了。但你一人出门在外，要多多注意身体。"

沈括躬身道：

"孩儿遵命就是！孩儿此去正好利用做官的机会，到处走走，到处看看，了解一下天地万物，探索其间的奥秘，回来时好给娘讲讲。"

许氏放心道：

"这就对了。"

沈括告别母亲，踏上了征途。

出了钱塘西门，走不多远便来到西山脚下。西山蜿蜒起伏，与远天相接。山上长满了苍松翠柏，古桧修行。

沈括绕道西门，是特意来拜谒父亲的坟墓的。

三年前，父亲去世，葬于西山脚下的沈家墓地。三年来，每逢清明节和父亲的忌日，沈括总要来为父亲扫墓致祭。

现在，沈括要远离家乡了，他决定先向长眠在地下的父亲告别一声，然后再北上。

来到墓地，一眼便看见父亲墓前的高大石碑。石碑的正面刻着"故宋太常少卿分司南京沈公之墓"，而墓中还封埋着时任舒州通判的江西大才子王安石撰写的墓志铭。

沈括跪在墓前，父亲的音容笑貌一下子浮现在脑海中，沈括觉得父亲还活着。他试了拭泪水，喃喃地祷告说：

"愿父亲大人在天之灵永得安宁。孩儿托父亲大人的福，就要外出做官去了。孩儿一定继续苦读诗书，不荒废学业，力争早日考上进士，济世救民，光宗耀祖！"

沈括拜罢父墓，正要起身上路，忽见从山间小径走过来一个四十多岁的壮年人，向沈括喊道：

"存中老弟，这是到哪去啊！"

存中是沈括的字。那时的读书人，除了名以外，还有字。

沈括仔细一看，来人是远房叔伯兄弟沈老七。沈老七虽然比沈括大二十来岁，若论起辈分来，两人却是同辈。

沈括见沈老七动问，当下答道：

"七兄，小弟要到外地去做官了，特来拜谒一下父亲的坟墓。"

沈老七连声说：

"真是个大孝子。可敬！可敬！不知要去做什么大官！"

沈括回答说：

"只不过到沭水去做个小小的主簿！"

沈老七祝贺道：

"那也比愚兄强多了。可贺！可贺！"

原来，沈老七因家道中落，未尝读过书。沈氏家族见他为人忠厚老实，便派他在这山脚下看守墓地，还为他盖了几间茅屋。

沈括见沈老七向他祝贺，忙谢道：

"小弟多谢了。小弟此去也是想在宦海中磨炼磨炼，好做个有用的人。"

沈老七见沈括谦逊有礼，便邀请道：

"老弟如不嫌弃，就到寒舍中歇歇脚吧。你六俓回来了。"

沈括一听说六俓回来了，忙随沈老七来到他家。

原来，沈周去世那年，沈括曾在沈老七家见过毕昇发明的活字版。沈括见了活字版，立刻来了兴趣，向沈老七请教道：

"七兄，给小弟讲讲活字版吧！"

沈老七为难地说：

"这是你六佾花银子买来的，为兄是一窍不通啊！"

沈括着急地说：

"快请六佾来讲一下！"

沈老七道：

"不巧得很，你六佾到江北做买卖去了，一两年恐怕回不来。"

沈括听了，大失所望。三年来，他一直惦记着活字版。如今听说六佾回来了，他能不高兴吗?

沈括随沈老七进了茅屋，六佾忙起身施礼，请沈括入座。

寒暄过后，沈括忙不迭地问道：

"六佾，活字是怎么回事？"

六佾答道：

"唐朝末年，人们开始用木板刻印书籍了。其方法是把字刻在一块刮平的木板上，涂上墨再把纸往上一压，字就印在纸上了。负责装订的工匠把印上了字的纸装订成册，就成了书籍了。宋朝庆历（1041—1048）年间，有个平民叫毕昇的，觉得用木板印书太浪费，太麻烦，这才创造了活字版。"

沈括问道：

"木板印书不是比抄书快多了吗？"

六佾解释说：

"那也是。不过，木板印完了书，用过一次就得扔了，若再印别的书，还得再刮好一块木板，再找刻工刻字，麻烦得很。"

说到这里，六佺取出家中收藏的活字，继续解释说：

"这活字是用胶泥制成的。在胶泥上刻好字后，用火一烧，它就变得坚硬了。印刷前先准备好一块铁板，在铁板上面铺匀调好的松香、纸灰和蜡，要印刷时，就把一个铁框放在铁板上，然后在铁板上密密地排上活字。排满一铁框后，拿到火上去烘烧。等到松香、纸灰和蜡的混合物有些熔化了，马上用一块平板在活字上面用力一按，整块铁板上的活字就像水面那么平了。这时，就可以涂上墨汁印书了。"

沈括赞叹说：

"这真是个好办法，毕昇可真了不起！"

六佺附和说：

"可不是！假如只印两三本书，这种方法不算简便。如果印上几十本、几百本以至几千本，那就非常之快了。印刷时，通常是准备两块铁板，一块铁板在印刷，另一块铁板已经在排字了。第一块铁板才印完，第二块铁板已经准备好了。这样，两块铁板轮流使用，很快就把书印成了。每个活字都刻制好几个，像"之"、"也"等常用的字，每个字要刻制二十多个，以便同一铁板内有重复的字时使用。不用的时候，将活字用纸贴上标签，按韵分类，放在木格里保存起来。排字时，如果遇到不常见的字，又没有刻制好时，可以马上刻制，再用火来烧活字使它变硬，转眼间就制成了。"

沈括问道：

"为什么不用小木块来刻制活字呢？"

六侄解释说：

"木纹有疏有密，木块沾水后就会凹凸不平，而且一旦和松香、纸灰、蜡等粘在一起，又很不容易取下。用胶泥刻制活字，印完书后把铁板放在火上烤一下，用手一拂，活字就自行脱落了。"

沈括连声叫好：

"太好了！太好了！真是人无贵贱，处处有圣贤啊！"

六侄说：

"是啊！我一见活字板，便爱不释手。毕昇去世后，我将活字版买来，一直珍贵地保存着。"

沈括站起身，细细地观察活字版，还用手轻轻地抚玩着。他被毕昇的智慧深深地折服了。

他想：

天地之大，无奇不有。此次外出做官，一定要处处留心，把人们的智慧结晶搜集起来。

沈老七见天色已晚，劝沈括在茅屋里留宿一夜。

沈括在沈老七家住下，和六侄几乎谈了一个通宵，增加了不少知识。次日天明，沈括又上路了。

这年，沈括二十四岁了。从此，他踏上了仕途。

几天后，沈括来到长江边。

望着奔流不息的江水，沈括慨叹道：

"从开天辟地到如今，长江浩荡东流，不知已经流了多少年了。和长江比起来，人生太短暂了，可一定要珍惜啊！"

整治沭水

沭阳（今江苏省沭阳县）位于苏北贫困地区，因在沭水之滨而得名。沭阳隶属于海州。

1054年（至和元年）正月，沈括到沭阳就职，当上了主簿。

主簿是县令属下的文职官员，相当于县令的助手，除了负责为县令管理簿记外，还有很多杂事要做。

沈括就职不久，曾给友人崔肇写过一封信。信中有这样的话：

做官最微贱劳苦的，莫过于主簿。沂、海、淮、沭一带，周围几百里，凡是兽蹄鸟迹所到的地方，都有主簿的事。

……

主簿要无休止地负责往来吊问，岁时祭祀。公私两方面的一切杂事，十之八九要归主簿管。

我就职以后，忽上忽下，忽南忽北，整日忙得昏天黑地，连日出日落、天气冷暖都全然不知道了。

虽然主簿是个小官，又很辛苦，但沈括忠于职守，认真苦干，博得了上上下下的一致好评，连海州太守都知道了。

没过多久，人们都知道沈括是个精明强干、肯于吃苦的人了。

一天，沈括外出办事，见城里城外乞丐成群。他们蓬头垢面，衣衫褴褛，骨瘦如柴，步履艰难，样子很可怜。其中还有很多壮年人。沈括望着成群的乞丐，恻隐之心油然而生。望着望着，沈括不由得心中琢磨起来：

怎么壮年男子也要讨起饭来了呢？

这时，沈括见路旁有个老汉正在卖女儿，便上前问道：

"老伯，他们年轻力壮，为什么不在家种地，跑到城里来当乞丐呢？"

老汉望了望沈括，答道：

"唉！没法子呀。哪有地种啊？地都让大水给淹了。"

见沈括不解的样子，老汉又接着说道：

"沭水泛滥，良田都变成沼泽地了。"

沈括说道：

"啊！原来是这样。老伯，这个小姑娘是谁啊？"

老汉身边的小姑娘衣不蔽体，低着头，泪珠不停地滴落在地上。

老汉回答说：

"这是我的小女儿。公子行行好，把她买下做个女仆吧！"

沈括问道：

"老伯怎忍心卖掉亲生女儿呢？"

老汉回答说：

"卖钱缴税呀！"

沈括听了，立即从身上掏出二两银子，递给老汉说：

"快拿这银子回家吧，不要卖女儿了。"

老汉收下银子，千恩万谢地拉着女儿走了。

事后，沈括经了解才知道他的顶头上司沭阳县令是个贪官。除了正常的国家税收外，县令还巧立名目，横征暴敛，搜刮百姓。沭水泛滥成灾，县令也不闻不问。

一天，沈括正在为此事忧心忡忡的时候，忽听同僚喊道：

"不好了！灾民把县衙包围了。"

沈括忙放下手头的簿记，来到县衙大门，只见外面人山人海，灾民们不停地喊道：

"我们要见县太爷！"

"让县太爷出来，我们要和他评评理！"

"为什么不停地增税，还让不让我们活了？"

县令见状，忙藏到后衙去了。

衙役拼命挡住灾民，又调来守城的官兵，灾民才散去。

海州太守听说百姓起来反抗官府，吓得手忙脚乱，立即把沭阳县令调走，让沈括收拾局面。

沈括奉命之后，分析了具体情况，认清了官逼民反的实质，相应地采取了安抚政策，撤销了不合理的禁令和苛捐杂税，博得了百姓的好感，由于县令已经离开，沈括又处置得体，一场风波终于平息下去了。

接着，沈括决定整治沭水。

他早出晚归，实地考察沭水，科学地分析了沭水泛滥成灾的原因。

原来，沭水是沭阳县境内的主要河流，由于长年失修，泥沙淤积，河道埋塞，河水漾出来，将良田淹没，形成了一望无际的沼泽。

在沈括的组织下，成千上万的百姓参加了整治沭水的工程。由于百姓拥戴沈括，跟着他拼命干，仅用了原计划的1/4时间，就疏通了河道，还筑起了九个大堰，修了上百条渠道，开辟了七千顷良田。

灾民重新回到土地上，沭阳的面貌顿时改变了。

沈括初入仕途，锋芒小试，便崭露头角，成为地方官中一位出类拔萃的人物了。

治好了沭水，沈括忙里偷闲给母亲写了一封家书，详细谈了自己离家后的景况。

在家书里，沈括诉说了自己对慈母的思念。

母亲见信后，流下了幸福的眼泪，脸上露出了笑容。

听说儿子整治了沭水，为沭阳百姓做了好事，母亲心里乐开了花，感到甜滋滋的。

几天后，母亲也给沈括写了一封信，劝他安心在外做官，为民谋福，要注意身体，不要想家。

沈括见信后，一连读了好几遍，激动不已。

东海任上

1055年（至和二年），二十五岁的沈括因政绩突出，被调往百里之外的东海县担任代理县令。

为了了解民情，沈括走遍了东海县。

一天，沈括路过两座古墓，对古墓的碑文产生了兴趣，便传令随行的官员暂时休息一下。

碑面虽然有些剥蚀了，但字迹尚可辨认清楚。沈括站在碑前，认真地阅读 碑文。读罢碑文，沈括发现碑文中提及东海县的沿革，所说与图经不符。

图经属地理志一类的书籍，文字之外多附有地图，故称图经。沈括自动随父到过很多地方，对图经特别感兴趣。各种图经，他都读过了。

沈括读过碑文，对一个本地出生的官员说：

"你过来读读这两座古墓的碑文！"

本地出生的那个官员赶紧走了过来，将碑文读了又读，然后对沈括说：

“大人，卑职读完了。”

沈括问那官员说：

“你看碑文中所说的东海县沿革情况，都属实吗？”

那官员说：

“那还会有错？碑文所说的完全属实，县衙里的地方志也是这么写的。当地人祖祖辈辈在此居住，是不会搞错的。”

沈括听了，深深地点了点头，叹道：

“是啊！看来图经多不可靠呀！那些写图经的人好多地方都没有到过，写图经时只是辗转相抄，难免因错就错啊！看来，得编绘一部新的图经了。”

那官员听沈括这样说，也附和道：

“大人明鉴。大人博学多才，何不编绘一部新的图经呢？”

沈括又深深地点了点头。

的确，沈括博学多才，又平易近人，因此人们有什么解决不了的疑难问题时，都来向他请教。

一天，东海县守将捧着一个弩机来见沈括。向沈括请教说：

“大人，这个弩机结构复杂，尤其是望山又高又长，不知是干什么用的？”

沈括问道：

“这是从哪里弄来的？”

守将答道：

“城北吴员外家要扩建房屋，在挖地基时挖出了这个东西，谁也不认识，就送给我了。我问过许多人，才知道这是弩机，这个又长又高的东西叫望山，但详情又不甚明了。"

沈括接过弩机，翻过来掉过去看了半天，然后说道：

"这的确是弩机。它是弩上的发射装置。这个弩机是青铜制的。因此才保存到今天。竹制的弩和木臂、弓弦已经烂掉了。"

守将问道：

"弩机是如何装到弩上去的呢？"

沈括解释道：

"弩弓和弩弦之间有个木制的长方形立体物件，称木臂。弩机就装在木臂的后部。"

守将又问：

"这弩机如何使用呢？"

沈括耐心地解释道：

"弩机四周有'郭'；'郭'中有'牙'，牙是用来钩住弓弦的；牙下与'悬刀'相连，悬刀就是扳机。发射时，把悬刀一扳，牙就缩下，牙钩住的弓弦就向前弹去，有力地把箭射出去。"

守将摸了摸望山，问道：

"这望山是干什么用的呢？"

沈括解释说：

"望山就是瞄准器。望山的侧面有刻度。射箭时用眼睛注视着箭头的尖端，再根据目标的距离定好望山上的刻度。这样，就能百发百中了。"

守将赞叹道：

"想不到古人竟这样心灵手巧。现在已经没有这样的弩机了。"

沈括说:

"是啊!有的地方,古人是值得我们学习的。"

守将不好意思地说:

"大人真是博古通今啊!末将身为武夫,对弩机竟一无所知,真是惭愧啊!"

沈括忙摇手说:

"哪里!哪里!我不过多读几本书,现在又有弩机的实物可供研究,故而胡诌了几句。"

守将说:

"大人过谦了。大人政事繁忙,末将告辞了。"

守将说完,抱起弩机,爱不释手地走了。

守将走后,沈括心想:不但现在有能人,古时也有能人。我应该把他们的发明创造记下来,免得他们湮没无闻。

于是,沈括铺纸挥毫,把弩机的结构和原理记了下来。接着,又把毕昇发明的活字版详细地进行了记载。记完后,沈括想了想,把图经的错误也写到了纸上。

几十年后,沈括撰写《梦溪笔谈》时,把这三件事都收了进去。

东海县东临大海。一天,沈括因公路过海边,望着浩瀚无垠的大海,沈括不禁浮想联翩:

"大海连天接地,容纳百川,从古到今,从来未满过。我也应该吸收世上的一切学问啊!"

万春圩工程始末

1061年（嘉祐六年），三十一岁的沈括被调往江南任宁国县令。

一天，沈括正在后衙翻文牍，主簿进来交给他一封书函。

沈括启封展阅，原来是江南转运使张颙请他到转运使衙门去一趟，说是有要事相商。

沈括是个急性子，将县里的事暂时交给主簿代理，立即动身前往转运使衙门。

张颙见沈括说到就到了，心里很高兴，忙起让座。彼此略作寒暄后，张颙说道：

"听说你是水利专家，想派你到芜湖秦家圩去一趟，不知意下如何？"

沈括连声说：

"不敢当！不敢当！说我是水利专家可不敢当，但不知让我到秦家圩去干什么？"

张颗解释说：

"是这样，秦家圩在芜湖岸边，是一片面积很大的圩田。在湖边用土堤包围起来的低洼土田就是圩田。圩堤上设置闸门，圩田内修筑沟渠。闸门外通芜湖，内通沟渠，旱时能灌溉，涝时能排水。因此秦家圩年年丰收，成了江南的一个大粮仓。不料八十年前，一场特大的洪水毁了秦家圩的圩堤，圩田成了一片汪洋。八十年来，虽然有不少人提出过重建秦家圩的建议，但都因遭到反对而作罢。大片圩田荒弃着，未免太可惜了。如果修复圩堤，再种圩田能给朝廷多打多少粮食啊！好多饥民也可以得到安置，真是一举两得的事。我想修复秦家圩，但我自己又不懂水利，拿不准主意。听说你在沭阳时曾整治过沭水，精通水利，故而想派你到秦家圩实地考察一下，看是否可以修复。"

听说是利国利民的事，沈括毫不犹豫地答应下来，动身前往秦家圩去了。

在秦家圩，沈括一边踏勘，一边向当地的百姓了解情况，最后决定秦家圩是可以重建的。

沈括把秦家圩周围的地理形势绘制成图，呈报给张颗，还提出了具体的施工主案和修复后保护圩堤的措施。

听说要修复秦家圩，转运使衙门里有好多人表示反对。他们气势汹汹，争吵不已。

转运使张颗一时没了主意，不知听谁说好。于是，在衙门里召开了一次会议，让持异议的双方各抒己见，以定是非。

会议刚开始，一个年老的官员摇头晃脑地说：

"听说宁国县沈大人力主修复秦家圩，这是只见其利，不见其弊。试想夏秋汛期来临时，必须有大面积的湖泊来容纳洪水。如果挤出方圆二十里的湖面修建圩田，洪水没有了归宿，一定会泛滥成灾的。"

沈括不慌不忙地驳道：

"这种说法毫无根据。汛期来临时水位虽高，但在秦家圩北面还有丹阳、石臼等湖，绵延三四百里，足可容纳洪水。另外，秦家圩的四周在洪水到来时可以直接和流经西面的长江相通。因此，划出二十里的水面修圩田，对于洪水的排泄是毫无影响的。"

一个自以为懂水利的官员说：

"秦家圩的西南靠近荆山，长江在荆山的峡谷中流过，如果一旦遭到壅塞，江水必然直灌圩田，岂不前功尽弃了吗？"

沈括分析说：

"这个好办。筑堤时可让去二百尺，来扩大江面的宽度，减少水流的压力。万一江流壅塞，江水自会流向荆山之西，不会直灌圩田的。为了确保万全，还可以在荆山之东分流，引导洪水排泄。有了这些办法，便没有什么可顾虑的了。"

一个江湖术士模样的官员见人们驳不倒沈括，便神神秘秘地说：

"凡是圩田，必有蛟龙潜藏于土堤之下，"故而土堤容易倒塌。八十年前秦家圩之所以倒塌，正是蛟龙所致。因此，不能再修圩田了。

沈括驳斥道：

"这纯属无稽之谈！土堤倒塌并非蛟龙作怪，而是圩内积水穿堤流出，日子久了，土堤自然下塌。这没有什么大惊小怪的，只要在土堤外面再加筑一道复堤就行了。"

一个老家在秦家圩的官员说：

"秦家圩荒弃后，原来耕种圩田的人都改行种茭养鱼。如果修复圩田，他们会起来反对的。"

沈括笑了笑说：

"这怎么可能呢？修复圩田后，他们可以重操祖业，租种圩田嘛！"

有个官员担忧说：

"秦家圩东南紧靠芜湖，土堤不断被风浪冲击，日子久了，难保不被冲塌。"

沈括蛮有把握地说：

"秦家圩地势较高，滨湖一带有一百多步宽的缓坡，坡上还种着一行行的杨柳，堤下又长着密密麻麻的芦苇。芜湖风浪虽大，土堤并非首当其冲，不会倒塌的。"

听到这里，持反对意见的官员哑口无言了。沈括的建议终于被采纳，修复秦家圩的工程正式开始了。

张颢亲自挂帅，抽调了芜湖周围八个县的一万四千名民工，花了八十多天的时间，修复了秦家圩。

这年是宋仁宗嘉祐六年。宋仁宗听说此事后，特地将修复好的圩田赐名为"万春圩"。

沈括也参加了圩田的修复工作。后来，他还写了一篇文

章记载了万春圩的新貌和这一工程所带来的利益。文章名叫
《万春圩图记》。

文章里面说：

圩堤宽有六丈，高一丈二尺，长八十四里。堤岸下栽种
了一排排的桑树，多达几万棵。圩田总计一千二百七十顷，分
别用"天"、"地"、"日"、"月"、"山"、"川"、
"草"、"木"等一千二百七十个字来命名。每方顷的圩
田，四周都修了小渠。四条小渠合拢起来，形成一区。每区修
一条大渠，可容纳两条船并行。

……

圩田的正中，修了一条通路，纵贯南北，可容纳两辆马
车并行。

……

每年收租二十分之三，总计得粮三万六千斛。其他菇、
蒲、桑、麻的收入，还可得到五十多万钱。

万春圩修成后的第四年，长江下游又发生了洪水，江、
浙等地深受其害，安徽境内也有一千多个圩田被淹没了。只有
万春圩因沈括设计得当，在洪水面前屹立不动，并且屏蔽的附
近的一些小圩，使它们免于被洪水吞没。

修好了万春圩，沈括在回宁国的途中，路过了石门山。

石门山在宁国城北三十里处。西有文脊山，北有敬亭
山。石门山中，石灰岩形成的奇峰、怪石、岩洞千姿百态，
独具一格。著名的岩洞有朝阳、紫云、涟漪、枇杷、龙潭、灵
岩六洞。其中灵岩洞最奇特，石壁峭立，划然中开，俨若城

门，因此也称山门。游人到此，顿觉豁然开朗，别有天地。从唐代起，文人雅士接踵而至，留有诗文多篇。沈括望了望山门，吟诗道：

溪水激激山攒攒，

苍岩腹封壁四环。

一门中辟伏惊澜，

造物为此良有源。

与他人不同，沈括心中没有美景，只有水利——伏惊澜。

激激是急流声，攒攒是丛聚貌，苍岩是翠绿的山岩，腹封是抱合之意，伏惊澜是制伏了狂涛，造物是大自然。

沈括这首诗大意如下：

溪水淙淙，奔流不息，

千山万岭，丛聚如蚁。

苍翠的山岩紧紧抱合，

好像墙壁一样在四面环绕。

一座山门划然中开，

制伏了奔流不息的狂涛。

大自然造出了这座山门，

肯定是有根源的。

沈括兴修水利，为民谋福，完全出自爱民之心。万春圩终于修成了，千千万万的百姓即将身受其利了，因此沈括才有闲情逸致在山门前赋诗，沈括想：

大自然造出了这座山门，肯定也出自爱民之心。

研究气功

1062年（嘉祐七年），沈括被调往豫东任宛丘（今河南淮阳）县令。

一天夜里，残月已经落下去了，只有星星在空中眨着眼睛，仿佛也都困了。

这时，后衙的灯还在亮着，沈括正伏案阅读公文。他一边读一边咳嗽，咳嗽声把书童震醒了。

书童披衣而起，来到书房，对沈括说：

"大人，快叫四更了，该休息了。"

沈括正在聚精会神地查阅案牍，没有听到。

书童见沈括那副专注的样子，不忍再去打扰他，又走出书房，回到床榻上。

书童倒在床榻上，辗转反侧，怎么也睡不着了。他开始为沈括的身体担忧了。

沈括的健康状况确实欠佳。

沈括的身体本来就弱，自幼多病。八年来，他从主簿到代理县令，又从代理县令到正式县令。由于县令是一方父母官，公事繁忙，而沈括又是个办事认真、不肯敷衍塞责的人，所以他把身体累坏了。

早饭时，书童对沈括说：

"大人越来越瘦了，夜里不要太熬夜了。"

沈括说：

"没关系！我自幼熬夜熬惯了，不到后半夜，上床也睡不着。"

书童寻思了一下，又说：

"大人整天忙于公务，累坏了身子怎么办？不如出去走走，活动活动筋骨。"

沈括也寻思了一下，说道：

"我们初到宛丘，还不了解民情。过几天忙过了这阵子，你陪我去微服私访吧！"

书童一听，心里乐开了花。

五天后，沈括带着书童微服私访去了。沈括扮作相公，也就是书生，书童仍当书童。

宛丘是春秋时陈国的国都。陈国是春秋十二诸侯之一，仅次于五霸。古都的城墙仍然保存着，宽六丈，高一丈五尺。城墙上可以运兵，可以跑车马。城中的百姓虽然过着艰苦的日子，但仍保持着古朴的民风。作为父母官，沈括决心多为宛丘百姓做几件好事，让他们过上温饱的日子。

出了南城门，沈括来到了当年孔子断粮处，望着当年的残迹，沈括眼前浮现出孔子出游的情景。

当年，孔子为了施展自己的抱负，曾周游列国。公元前492年（陈缗公十年），孔子来到宛丘。

听说孔子远道而来，陈国国君陈缗公非常高兴，用上宾之礼接见了他，还把他和弟子们安排在最好的宾馆中住下。孔子虽然未被授予一官半职，但总算结束了半年多的奔波，暂时安顿下来。

公元前489年，吴国大举攻陈，楚国帮助陈国反攻，陈国陷入一片混乱中。

孔子对弟子们说：

"走吧！到施展自己抱负的地方去吧！"

孔子决定离开陈国，途经蔡国到楚国去。

但是，他们刚一走出宛丘的南方，就被乱兵包围了。他们进退两难，一连七天没有生火做饭。

在这十分艰苦危险的环境中，孔子仍很镇静，照常给弟子们讲课、弹琴、唱歌。

后来，子贡到楚军营垒请来救兵，他们才脱离险境。

离开孔子断粮处，沈括想：

我比孔子幸运多了，一定要珍惜自己的处境，施展抱负，把宛丘治理好。

接着，他们绕城而行，看看城外的百姓有没有什么疾苦。

走着走着，他们来到太昊陵。相传伏羲氏曾在宛丘建都，春秋时宛丘已建有伏羲的陵墓，历代屡加扩建修葺。陵园内古柏参天，碑刻林立。陵墓前的巨大石碑上刻着"太旱伏羲之墓"六个大字。

沈括站在石碑前，浮想联翩，更加激起了建功立业、报效国家的雄心壮志。

沈括和书童走出太旱陵，路过一座道观。

沈括觉得有些累了，决定到道观里面休息一下。

两人刚进大门，迎面碰见一个道士。这道士长得鹤发童颜，貌若天人，虽已过古稀之年，但精神矍铄，步履轻捷。沈括见了，不禁暗暗吃惊，心想：

这道士偌大年纪了，为何尚且如此矫健，莫非真有长生不老之药不成！

沈括想罢，上前施礼道：

"敢问道长，小生想请教一二，不知可否！"

道士见沈括满脸儒气，彬彬有礼，连忙还礼道：

"好说！请先到客房小憩。"

道士引沈括到客房坐下，又招呼小道士上茶。书童在一旁侍立。

沈括接茶在手，不好意思地说：

"还不知道长法号，就先叨扰了。"

老道士笑了笑，说道：

"贫道法号无为，专好助人为乐，不必客气。"

沈括请教道：

"无为道长，小生自幼体弱多病，近来更觉体力不支。今见道长仙风道骨，精力过人，不知可有留春之术？"

无为道长回答说：

"贫道哪有什么留春之术，不过依靠服气养生而已。"

原来东汉顺帝时，张陵创建五斗米道，奉老子为教主，以《老子五千文》为主要经典，于是道教逐渐形成。唐高宗时因老子姓李，与自己同姓，便推老子为李氏祖先，大力提倡道教，并勅令诸州各建道观一座。宋真宗在位时，也大力提倡道教，并大建道观。因此，沈括与无为道长见面时，全国已有很多道观，出家修道的人也很多了。

修养的人平时的主要课程就是服气。他们认为服气指通过呼吸服食日月精华，坚持下去可以成仙得道。道教经典中有《服气经》、《服气口诀》、《服气精义论》等。

其实，服气和吐纳相似。

吐纳是中国古代的一种养生方法，即把肺里的浊气尽量从口中呼出，再由鼻孔缓慢地吸进新鲜空气，使之充满肺部。古人称之为"吐故纳新"。而道教则认为吐纳可以吐出"死气"，吸进"生气"，达到长生。

沈括过去对服气也略知一二，但不知详情。今日见了无为道长，说起服气，便虚心向道长求教。

无为道长见沈括鼻直口方，一脸正气，不由得心生悦慕之情，便将服气的秘诀传授给了他。

沈括听罢，再三致谢，才带着书童告辞而去。

回到衙门后，沈括回想起来，对无为道长传授的服气方法将信将疑。他想：

服气真能健身吗？不妨试试看。

沈括是个求知心切，对什么都感兴趣的人。他决定通过实践来验证一下服气的作用和效果。

从此，每当后半夜忙完了公事时，沈括便在书房里练习服气。

半年过去后，奇迹发生了。沈括变成了一个身强体壮、精力充沛的人了。多年不治的老病也都根除了。

沈括恢复健康后，又想到了其他疾病缠身的人。

晚年，他在为世人编写《良方》一书时，把服气作为养生之术写了进去。

陨石迷

沈括通过练气功治好了疾病，于1062年（嘉祐七年）秋季参加了在母亲故里苏州举行的解试，一举夺魁，中了解元。

解试是在地方上举行的科举考试，考中的人才有资格到京城去参加进士考试。解试中第一名的学子称解元。

沈括中了解元后，于1063年（嘉祐八年）初到汴京，和其他各州的解元一起受到了宋仁宗的召见。

这年三月，沈括考中了进士，被任命为扬州司理参军。

司理参军原称司寇参军，是州、府的佐吏，负责狱讼断案，由新及第的进士、明经等充任。

沈括接到任命后，启程南下，途中听说仁宗驾崩，不胜悲怆。

仁宗是北宋的第四位皇帝，在位四十二年。仁宗死后，由过继的儿子赵曙即位，史称英宗。

沈括到了扬州，刚一下车，就听满城都在议论一件怪事。酒馆里，茶楼上，饭庄中，人们交头接耳，叽叽喳喳。有的人听后瞪大了眼睛，有的人听后张大了嘴巴。原来是一颗星星从天上掉下来了。

沈括是个对什么都感兴趣的人。他听说此事后，便急着要把此事的详情了解清楚。

到了州衙，沈括拜见了太守，办好了交接手续后，立即找来一个同僚问道：

"仁兄，听说有颗星星从天上掉下来了，这是真的吗？"

同僚说：

"当然是真的，有人亲眼看见了。"

沈括说：

"春秋时代，就有过关于陨星的记载，想不到今天又发生了。但不知落在什么地方了！"

同僚见沈括蛮有兴趣，也来了劲头，详细地说起来：

"那天，太阳刚落的时候，人们忽然听到天空中发出了巨大的声响，就像雷鸣一样。这时，一颗几乎和月亮差不多的大星星在天空的东南方出现了。一会儿，大星星又震响了一声，然后转而移到西南方去了。后来，大星星又震响了一声，才落了下来。"

沈括又追问道：

"落到哪里了？"

同僚接着说：

"落到宜兴县民许氏的园子里了。星星刚落的时候，火光冲天，把许家园子的篱笆都烧坏了。火焰熄灭后，远近的人纷纷跑去观看，只见地面上有个杯子大小的洞，洞很深，星星就在里面，火光荧荧，过了好久才暗淡下去，但仍然热得不敢接近。又过了许久，人们才把洞掘开，在距地面三尺多的地方挖出了星星，原来就是一块圆圆的石头，大小和拳头差不多，一头略尖，颜色似铁，重量也接近铁。"

沈括又问道：

"陨星今在何处？"

同僚见沈括那副恨不得立刻就看到陨星的样子，忙回答说：

"常州太守郑伸把它送到润州的金山寺去，用匣子盛了起来，只有游客去的时候，才打开供人观赏。"

沈括听罢，心想：

以后一定找机会到金山寺去看看。

沈括对同僚说：

"谢谢仁兄了，多有打搅！"

同僚忙说：

"不谢不谢，小事一桩！"

后来，沈括将此事如实地写进了《梦溪笔谈》。

沈括在扬州奉公尽职，才华出众，深受淮南转运使的赏识。

转运使一职始设于唐朝开元年间，当初只是临时的差遣官，负责江淮一带的米粮、钱币和物资的转运工作，供京城和朝廷之需。后来，转运使一职因客观需要而成了常设官。宋朝初年，吸取了五代藩镇掌握财赋武装割据的教训，特在诸路设置了转运使。路是宋朝的行政区域名，相当于省。宋朝的转运使除了掌握一路的财富收入外，还兼管边防、刑狱，负责考核该路的地方官吏和了解民情，随时上报朝廷。

沈括在扬州任司理参军时，淮南路的转运使是张蒭。张蒭深深地被沈括的才学所折服了。他和沈括一见面就谈了整整一天，忘记了疲劳，叹道：

"参军在此，未免大材小用了。"

两年后，张蒭接到朝廷诏令，让他保荐一人到朝廷去做官。张蒭毫不犹豫地将沈括推举上去。

沈括想：

"致君尧舜上，再使风俗淳"的机会来了。

昭文馆里与众不同的人

1066年（治平三年），沈括到了汴京（今河南开封），被安排在昭文馆校书。

昭文馆是皇家图书馆，是全国藏书最多之处。校书就是把书中的错字纠正过来，保证书的质量。沈括博学多才，干这件工作是胜任有余的。

因为书中的错字并不多，所以校书的工作很清闲。

一天，沈括见同僚把书上本来没有错的字用墨笔涂掉了。然后又在旁边写上一个相同的字，觉得很奇怪，忍不住问道：

"仁兄，这是为什么？莫非应该这样校书吗？"

同僚答道：

"那倒不是。不过，这本书一个错字也没有。如果不这样做，就显得我们什么也没干了，人们会说我们尸位素餐的。"

沈括恍然大悟道：

"啊！原来是这样。"

同僚又说：

"这样，也显得我们有学问，能够发现错误。"

沈括听罢，啼笑皆非。他是个受过良好教育的诚实人，觉得同僚的做法是欺世盗名之举，因而不肯苟同。

同僚们整天坐在昭文馆里混日子，而沈括则不然，他用校书的空余时间读遍了馆中的藏书。

过去，沈括读完了家中的藏书，还读了所有能够收罗到的书，但由于资金有限，认识的藏书家也不多，因则有很多书读不到。如今到了昭文馆，沈括真是如鱼得水。他天分高，根底厚，又肯下苦功，两年过去后，他成了全国的一流学者。尤其在天文历法方面，他的造诣极深，远远地超过了同僚。

过去，沈括曾经几次担任县令，作为百姓的父母官，深知民以食为天的道理和农业在国家经济中的重要性，而要搞好农业，必须研究好天文历法。否则，根据天文知识所制订的历法将与实际的节气不符，必然给农业带来巨大的损失。

基于这种认识，沈括在天文学方面下了不少工夫，研究得很透彻，并引起了人们的注意。

一天，昭文馆的长官同沈括说：

"听说你精通天文学，可以为我解释几个问题吗？"

沈括连忙摇手说：

"哪里！哪里！不过略知一二而已。前辈有什么问题，不妨说出来。"

长官问道：

"天上有二十八宿，间距各不相等，多的三十二度，少的只有一度。其分布如此不均，是什么道理？"

沈括解释说：

"天空中的星辰分布本来无所谓'度'，只是研究天文的人在制订历法时为了计算的需要，才根据太阳的运行轨道黄道，把天体分成三百六十五度多。二十八宿在天空中的分布本来就不均匀，当然谈不上度的均匀了。"

长官又问：

"日月的形状，是弹丸似的圆球体呢？还是团扇似的平面圆形呢？"

沈括答道：

"日月都是圆球体。这可以用月亮的圆缺来验证。月亮本身不发光，好像一个银球，太阳照射它时，它才会发出反光。月初，月亮刚发光时，太阳从月亮的侧面照射它，因而新月如钩；月中，太阳从正面照射月亮，因而满月如轮。好像一个弹丸，用粉将它的一半涂白，这时，侧视它时，涂粉的地方好像一把钩，从正面看它时，涂粉的地方恰好圆轮。由此可知日月是圆球体。"

长官又问：

"日食和月食是怎样发生的呢？"

沈括答道：

"太阳运行的黄道和月亮运行的白道之间有一个夹角，就像两个圆环相叠而稍有一点偏差。如果日月处于同一圈内，而又在黄道与白道的交点附近，就会互相遮掩，形成亏蚀。正好处在交点上的，是全食；偏离交点的，承受其偏离得远近不同，而形成不同程度的日食和月食。"

长官听了沈括的解释，颇为满意。从此，沈括在朝廷中的名声越来越大了，连皇帝也知道他是个博学多才的人了。

这年，英宗皇帝让他参与了重新详定浑天仪体制的工作。

1067年（治平四年），英宗驾崩，他的儿子赵顼即位，史称神宗。

神宗即位后的第二年，也就是熙宁五年，要举行祭天大典。事先，特命沈括考订祭祀的礼节。沈括主张礼节从俭，重新制订了新的仪式。神宗采用了沈括制订的新礼，从而为朝廷节省了一大批开支。

这年八月，沈括的母亲许氏在汴京去世，享年八十三岁。

沈括将母亲的灵柩送回钱塘老家，安葬在沈氏墓地，并遵照官场的规矩，为母亲守丧。

在守丧期间，沈括异常悲痛，他多么想多孝敬母亲一些年啊！

他总是吟诵两句古诗：

树欲静而风不止，

子欲养而亲不待。

沈括一边吟诵，一边流泪，他多么怀念母亲啊！

在守丧期间，沈括读了大量的书籍。

留在司天监的硕果

1070年（熙宁三年）11月，沈括守丧期满，由钱塘回到汴京，升任太子中允、中书省刑房检正官。

由于沈括在天文学方面知识深湛，神宗于熙宁五年让他兼任了司天监的长官。

司天监是朝廷里掌管天文历法的机构，主要负责观测天象，制订历法。

沈括到司天监担任长官之前，监内的情况很糟，既没有懂得天文的专门人才，又缺少可供观测的科学仪器。监里的官员多数不学无术，他们不是侈谈玄理，就是拘泥术数，与科学相去甚远。而观测仪器大多都是前朝的遗物，用以观测天象，总是出现错误，已经无法使用了。正因为如此，北宋以来，虽然多次修改历法，甚至每个皇帝在位时都要颁布一部新历，但都有误差，不能符合实际的节气。

宋神宗是个很有作为的皇帝，立志要把国家治理好。朝中的一切政事他都要亲自过问，每天从日出一直忙到日落，有时甚至连午饭都忘吃了。

神宗即位后，发现历法存在不少问题，曾命令司天监修造新历，但迟迟造不出来。于是，神宗便把希望寄托在沈括身上了。

沈括受到神宗的召见。神宗面带忧色，问沈括到：

"本朝开国以来，多次修造新历，为何都不准确呢？"

沈括答道：

"新历不准，其原因在于历官造历时没有依据天文实测，只是旧历《大衍历》的基础上修修补补，凭着演算方法敷衍了事。《大衍历》是唐代高僧一行大师所制订的，虽其成就远在别的历法之上，但距今已有三百四十多年，误差越来越大了。历官无能，一再因循守旧，小修小补，当然不会准确。"

神宗见沈括说得在理，便说：

"爱卿前去司天监就职，要修造一部新历，颁行天下，供百姓之用。"

沈括连声说：

"陛下放心，臣一定尽快将新历造出来，以利天下。"

神宗笑了笑，说：

"爱卿前去，朕一百个放心。"

沈括见神宗很宠信他，心里深受感动。他暗暗下了决心，要竭忠尽职，以报神宗知遇之恩。

沈括到了司天监，见监里一片混乱，无法开展工作。

沈括首先着手整顿司天监。他罢免了六个尸位素餐的官员，引进了一批士人，特为他们开设了技术训练班，分五科进行培养，经过一段时间后，分派他们在监内工作。

沈括还打破官阶资历和门第等级的成见，大胆地推荐天文数学家卫朴到司天监工作。

卫朴原是一个默默无闻的布衣，也就是平民，进入司天监前一直在楚州（今东苏淮安）北神镇的一所破庙里卖卜。他虽然双目失明，却擅长筹算和心算。他能用算筹运算很大的数字，"运筹如飞，人眼不能逐"（见《梦溪笔谈》）。有人在旁边故意伸手移动了一片算筹，他一触即知，马上随手拨正了。他本领非凡，还可以不用算筹，用心算进行加减乘除，推知古今的日食和月食。随便一个什么数目字，在他耳边一读，他就牢记在心了。一次，卫朴叫人抄写历书，抄完后读给他听。他听着听着，突然喊道："这里抄错了一个字。"抄写历书的人忙去对照原文，果然抄错了。

沈括虽然整顿了司天监，但京城里面各种势力盘根错节，仍有一些保守分子留在司天监。他们胡作非为，排挤革新派。以沈括为首的革新派虽然给司天监带来了一番新气象，但守旧派对革新派的攻击也越来越猖狂了。

沈括是修造新历的领衔主持者。他和卫朴经过认真的研讨之后，一致认为要使新历准确，一定要修改《大衍历》的闰朔法。具体的作法是必须将熙宁十年正月元日那天的午时改为子时，将闰十二月改为闰正月。

这个正确的革新主张刚一提出，就受到了墨守成规的守旧派的猛烈反击。他们的理由是，新历能不能修成尚未可知，怎么可以将闰朔做如此重大的改变。革新派据理力争，双方辩论得十分激烈。

沈括见争辩不会有什么结果，便决定用事实来说话。

按照制历的法则，冬至前的立冬和冬至后的立春两个节气的日影应该是长短相同的，但用日晷（guǐ）实地测验后，《大衍历》的时候比实际落后了五十多刻。在铁的事实面前，守旧派哑口无言了。

第一个回合取得了胜利，沈括和卫朴开始修造新历了。

为了保证观测天象的准确程度，沈括对几种重要的天文仪器进行了改革和创新，制造了新的浑仪、浮漏和测日影的铜圭。

浑仪古称"玑衡"，安置在高台上，是用来测量天体和日月星辰的运行情况的仪器，历代掌管天文的官员都把它当做主要的观测工具。

沈括到司天监后，发现监中的浑仪有很多缺点，如果只是小修小改，虽然可以勉强对付着使用，但很难保证观测的准确性。在沈括的坚决主张和亲自设计下，先做了一个小小的模型，然后制造出了新的浑仪。

沈括设计的新浑仪，对旧浑仪做了多方面的改革，如尺寸、黄道、赤道、天常环、月道、规环等方面。其中最重要的是取消了月道环以及放大了窥管。

月道环是浑仪是显示月球公转轨迹的铜环；窥管瞭望筒，是一个空心的圆管，一端对准天体，一端可供观测。

旧浑仪上的月道环并不完全符合月球运行的实际情形，和交点运行的科学原理也不相合。同时，月道环还常常遮住窥管，妨碍对天体的观测。

因此，沈括认为，月道环弊多利少，与其虚设图全，不如干脆省掉。事实证明，沈括的大胆改革是完全正确的。

旧浑仪上的窥管直径过小。沈括用它观测北极星时，仅过一两个时辰，北极星就走出了窥管的视域。这样的窥管根本不适用。

沈括决定改革窥管。

他换上了一根直径稍大的窥管进行观测，还是不行。沈括毅然决然地继续扩大窥管的直径。直到扩大到足够的直径，使窥管的视域从原来的一度半扩大到七度时，整整三个月，北极星都没有走出窥管的视域。

这期间，沈括准备了许多白纸，每张纸上各画一个圆圈，每夜分初夜、中夜、后夜观测三次，将北极星的位置画在白纸上，总共画了二百多幅。终于，沈括发现北极星的位置总是在以北极为圆心的一个圆上，距离北极有三度多。

事实证明，用放大了直径的窥管测天体，更为方便和精确了。

接着，沈括又着手改进浮漏。

浮漏是古代的测计时刻的仪器，相当于现代的钟表。

浮漏共分四个部分：求壶、复壶、废壶、建壶。

求壶在最上面，仅作供水之用，水从它的壶嘴徐徐漏入下面的复壶。

复壶是插水壶，下面和侧面都有漏嘴。复壶的水位是一定的。当水位超过侧面的漏嘴时，多出的水就由侧面的漏嘴溢向废壶。这样，复壶中的水就能够由不变的水位而保持恒定的水压，使滴向建壶的水速始终保持均匀一致。

废壶因起分水作用，所以也称"分水壶"。

建壶在最下面，其作用在于受水，壶中有小舟浮在水上，舟上竖着一支带刻度的箭，叫刻漏箭。复壶中的水通过漏嘴不断地滴入建壶，建壶中的水位不断提高，刻漏箭也不断上升，人们便可由此读到几时几刻了。

沈括以前的浮漏，其漏水部分采用的是铜嘴曲颈管子。由于铜嘴易结水垢，阻塞水流，而曲颈管子又很不容易疏通，所以报时往往不准。沈括对此进行了改革，将铜嘴改成玉嘴，将曲颈管子改为直颈管子。

这样，浮漏不但报时准确，而且经久耐用了。

测日影的铜圭也称晷。过去，只用一个铜圭测日影，沈括改用三个铜圭测日影，从而保证了测试的准确性。

为了说明改制天文观测仪器的原理，沈括写出了著名的《浑仪议》、《浮漏议》和《景表议》三篇文章。实际上，这三篇文章的内容并不止于对改制仪器的说明。沈括将他的几个重要的天文学说，都写进这三篇文章中去了。在文章中，沈括对一些传统的和当时的错误天文理论也进行了批驳。

当时，人们普遍认为中国的位置是在地球的东南角。沈括在《浑仪议》中指出，天下各国都规定日出的方向为东，日落的方向为西，而中国人见中国的东南方全是大海，便误以为中国在地球的东南角了，其实这是错觉所造成的。

沈括在《浑仪议》中，还对月球的运行规律做了形象的说明。沈括认为，由于月球是地球的卫星，而地球又是太阳的卫星，所以月球在天体中的实际运动就是它绕地球运转和地球绕太阳运转两种运动的合成。假如把地球绕太阳运转的轨迹比作一根弯成圆圈的软木杆，则月球的运行轨迹就像绕在这根圆木圈上的绳子一样。这个比喻既形象又贴切。

在《浮漏议》中，沈括发展了关于太阳的运动不均匀的学说，指出冬季和夏季一昼夜的长短并不完全相同。过去，人们用浮漏测计时刻，发现冬夏一昼夜长短不同，总怀疑是冬天水发涩，浮漏中的水滴得慢，夏天水发滑，浮漏中的水滴得快所造成的。他们想了许多克服的办法，一直未能解决问题。沈括利用他新制的浮漏，进行了多年的观测和研究，得到了超越前人的见解，第一次从理论上推导出冬至昼夜长度"百刻而有余"，夏至昼夜长度"不及百刻"的结论。沈括做出了正确的解释，把前人一直搞不清楚的事弄明白了。

在《景表仪》中，沈括介绍了造日晷的原理和定向方法，还说明了怎样才能纠正因蒙气差所造成的偏误。

所谓蒙气差，已经天体所发生的光从没有空气的宇宙空间进入地球大气层所发生的折射现象。为了使所测到的日影能够符合太阳的实际情况，沈括提出了一个崭新的方案，利用三个日晷来观测日影，从而对测影法做出了巨大的贡献。沈括在《景表议》中阐述了他的见解和主张，丰富了蒙气差的学说。

沈括的《浑仪议》、《浮漏仪》和《景表议》被公认为我国科技史上的重要文献。

1074年（熙宁七年）沈括负责设计的新仪制成时，曾在汴京的迎阳门举行了隆重的呈献仪式，宋神宗亲率辅政大臣前去观看了新仪的演示，还向沈括询问了改制的原理。

为了奖励沈括制造新仪的功绩，神宗特地提升他为右正宫、司天秋宫正。

熙宁八年闰四月，司天监修造的新历《奉元历》正式颁行了。

按照沈括和卫朴的主张，修造新历必须从观察金、木、水、火、土五星的运行情况入手，来验证推算出来的新历。具体做法是，每夜分黄昏、夜半、拂晓三次观测月亮和五星的所在位置，记录在候簿上。候簿就是观测记录本。观测五年后，去掉阴天和没有星月的日子，可以得到三年的观测资料。然后，再用这些实地测得的可靠资料来修正新历。沈括和卫朴认为，用这种方法修造的新历，一定会超过以前一切旧历的水平。

但是，沈括和卫朴的这个正确主张无法实现！

原来，司天监内的守旧派消极抵抗，始终不肯交出候簿，而观测天象的艰巨任务又决非几个人所能完成。由于实测缺少数据，卫朴的才能未能得到充分的施展。《奉元历》虽然有成功之处，但总的说来，还是不够理想的。《奉元历》预测熙宁九年正月十五日的夜里将发生月食，但没有应验。司天监内的守旧派乘机发难，宋神宗也下令追究修历官员的责任。这时，沈括虽已不在司天监任上，但他仍然挺身而出，替卫朴辩护。他对神宗说：

"卫朴是古今罕见的奇才，他的历术无人能及。因无人支持和配合，难以施展他的才能，太可惜了！"

沈括提出了一个补救的办法，让天文院用浑仪、浮漏、日晷观测天象，每天做记录，三五年后将记录的资料交给修历官员据以修改新历。宋神宗采纳了沈括的建议，卫朴又第二次入监修历去了。

宋朝在宫中设立了天文院，院里有观天台和浑仪、浮漏、日晷等仪器，设备和司天监一样。每天夜里，天文院都要观测天象，必须在皇城开门之前将观测的结果报到宫中。皇城开门后，司天监观测的结果才送到宫中。宫中将两方的观测结果互相核对，以防弄虚作假。后来，两个机构私下商量串通，写出内容相同的观测结果。他们上报的日月星辰位置，都是推算出来的，并没有实地观测。两个机构设置的官员只是白领薪俸而已。

这样，《奉元历》仍然没有达到应有的水平。但它不失具有一定特色和成功之处的。如《奉元历》以365.24358500日作为一回归年，比现代实测所得的365.2422日虽稍大了点，但比以前通行的宋历更为准确。

有句成语是"能者多劳"。这个成语用在沈括身上是再恰当不过了。沈括自从兼任司天监的长官后，还经常被调去做其他朝廷大事。因为沈括博学多才，朝廷有好多事不得不倚重他。

沈括精力充沛，又胸怀大志，因此不喜欢过安乐的生活。让他多做事，正是投其所好了。

他常常念起《易经》上的一句话：

"君子自强不息。"

这句话是他的座右铭。

汴河水利

1072年（熙宁五年），沈括奉命治理汴河，顺便视察汴河两岸的淤田情况。

汴河在北宋时，指的是隋朝所开凿的通济渠从黄河至淮河的一段，长达千里。

北宋建都汴京，全靠汴河漕运为京城提供钱粮。

汴京位于汴河之滨，靠汴河与淮河相连，淮河又靠大运河与长江相连。这样，江南鱼米之乡的财富，便可靠水路直达汴京了。

沈括受命之后，将司天监的工作委托给卫朴，便匆匆上路了。半年多来，司天监经过沈括的整顿，已经初步走入正轨了。

金秋九月，北雁南飞。沈括率领随员从京城出发，沿着汴河向东南走去，一边走一边踏勘，一直走到汴河注入淮河的河口。

沈括望着浑浊的汴河，不由得叹道：

"治理汴河，势在必行啊！王安石的变法也刻不容缓啊！"

原来，过去大多是引湖泊和沟渠的清水入汴河，船舶可在汴河里通行无阻。一年三百六十五天，汴河里几乎总有帆影闪过。北宋开始将汴京城北的黄河引入汴河，再加上长年不加以疏浚，以致泥沙淤积，河床渐高，河道常被堵塞，影响了京城的漕运，一年之中只有二百多天可通船舶。这样，有将近一半的钱粮无法运进汴京，朝中百官和京城中的百姓无法维持正常的生活了。情况已很危急。

沈括踏勘时，发现有的河段河底已经高出堤外平地一丈二尺多。站在汴堤上俯瞰堤下的民房，就像坐落在深谷里一样。

疏浚汴河已是当务之急了。于是，宰相王安石建议神宗将沈括从司天监调出来。

北宋到沈括生活的年代，已经建立整整一个世纪了。由于土地兼并越来越严重，苛捐杂税越来越繁多，专治政治越来越腐败，社会矛盾越来越深刻，北宋政权已经出现危机了。

为了挽救国家，宋神宗于1069年（熙宁二年）任命王安石为宰相，开始推行新法，在全国范围内进行改革。王安石帮助神宗凭借手中的权力抵制兼并，兴修水利，减轻赋税，富国强兵。新法的具体内容有农田水利法、青苗法、均输法、保甲法、免役法、市易法、保马法、方田法等。

汴河水利建设是农田水利法的重点项目。

沈括比王安石小十岁，两人很早就建立了友谊。沈括佩服王安石的才气和政见，王安石也佩服沈括的渊博和能力。因此，王安石建议神宗将汴河水利建设的重担交给了沈括。

　　从此，沈括和王安石在变法运动中开始并肩战斗了。沈括一直支持王安石，始终不渝。

　　站在汴河的尽头，沈括心里琢磨着治水的步骤。

　　这时，一个随员走到沈括面前，请示道：

　　"提举大人，如今已到汴河尽头，是否可以返回汴京了？"

　　沈括想了一下，命令说：

　　"先在这里住下吧，等明天开过会再说。"

　　这时，沈括已由中书省的刑房检束正官调任治汴总指挥——提举大人了。

　　第二天，沈括如今随员在汴河入淮处——泗州（今江苏盱眙）开了一次治水会议。

　　会上，沈括说：

　　"从汴京上善门到这里，已测得是八百四十里一百三十步。为了给治汴做好准备，下一个步骤必须测出汴河从上善门到这里的落差。诸位还要辛苦了。"

　　一个随员站起来说：

　　"下官愿追随大人，不辞辛苦，将汴河治好！"

　　另一人随员接着说：

　　"水平、望尺和干尺都已准备好了，立刻可以投入实测。"

沈括摇了摇头，说道：

"不能用水平、望尺和干尺，那样会有很大误差的。"

水平、望尺和干尺相当于现在的水准仪、觇标和标尺，是测量地势高低的必备仪器，随员们听沈括说不用这些仪器，心中茫然不解，都瞪大了眼睛望着沈括。

沈括见随员们这副表情，便说出了自己的想法：

"可用分层筑堰的方法测量汴河的落差。这样才能获得准确的数据。"

一个随员问道：

"如何分层筑堰呢？下官从未听说过，请大人明示！"

沈括解释道：

"汴河堤外的小沟，从上善门一直延伸到这里。这种小沟原是开挖通济时筑堤取土形成的。我们可以利用这种小沟分层筑堰。"

沈括说到这里，望了望随员，见他们都在聚精会神地听着，便接着解释说：

"我们先指导民工，将小沟全部挖通，挖成一个与汴河平行的小河道，然后向小沟里面灌水，让水积聚在小沟的最低处，也就是我们现在所在的地方。当水面平衡时，小沟上游地势较高的地方就会干涸。我们在干涸的地方筑一道横截小沟的堤堰，然后再往堤堰上面那一段小沟里灌水，一直灌到水面与堤面的高度一致为止，然后再在上游的浅涸处筑堰横截小沟……这样不断地反复筑堰，一直筑到上善门附近。然后，将各堰的高度相加，从上善门到这里的汴河落差就计算出来了。"

随员们都是懂水利的，听沈括这么一说，无不恍然大悟，齐声赞道：

"大人高见，我等不及啊！"

这种分层筑堰法是沈括的创举，在世界水利史上，以前从未有过。但沈括仍然笑了笑，谦逊地说：

"诸位谬奖了。诸位有什么高明的见解，不妨说出来。"

随员们说：

"就这么办吧。没有比这更好的法子了。分层筑堰所测得的数据，绝不会有差的。大人，就动手干吧！"

沈括又补充了一句：

"为了使小沟中的水能在最低处积聚起来，第一道堤堰应该筑在小沟入淮处。"

随员们齐声说：

"大人说得对！"

于是，分层筑堰开始了。沈括就这样巧妙地运用了大自然的"水平尺"，测得汴河从京城到入淮处的落差是十九丈四尺八寸六分。

沈括回到汴京，向宋神宗汇报了测量的结果，神宗很满意。

这次测量，对于疏通汴河和开凿汴洛运河创造了方便条件。由于需要开山凿岭，七年之后工程才全部完成。那时，黄河入汴的水口被堵住了，清清的洛水注入了汴河，汴河上一年四季船舶畅通无阻。

沈括对汴河水利工程做出了巨大贡献。

再说神宗听沈括汇报完了测量情况，又问道：

"淤田到底是有利还是有弊？"

沈括回答说：

"当然是有利了。"

原来，王安石变法的第二年，就开始推行淤田法了。其方法是将河底下沉积的淤泥，利用伏秋两季大汛期决堤放水的办法，冲到两岸的盐卤地上，借以改良土质，增加粮食产量。王安石首先在汴河两岸试行了淤田法。两年来，反对变法的守旧派不停地叫喊"淤田无益，其薄如饼"，"妄兴水利，劳民伤财"，"多侵民田屋宇"，"横贫生民膏血"。因此，在朝廷上，失于淤田利弊的辩论，相当激烈。事实究竟如何，有待于沈括视汴察河的两岸的淤田后所得出的结论。

沈括对神宗说：

"过去的盐卤地根本不能耕种，改成淤田后，去年小麦都获得了丰收。"

沈括的话被神宗和王安石引为论据，驳斥了守旧派的谰言。于是，淤田法被广泛地推行了。五年后，汴京附近建造淤田九千多顷，多打了千万石粮食。

回府后，沈括把分层筑堰法和淤田法都记了下来。多年后，他又把这两种方法都收进了《梦溪笔谈》。

沈括相信，这些对子孙后代都是有好处的，会造福于百姓的。

沈括想得很远很远。

察访两浙

在测量汴河的次年，宋神宗又派沈括到浙江去察访。

事情的起因是这样的：

当时有个水利专家叫郏亶的，很受王安石的赏识，被任命为浙江水利提举，负责兴修水利工程。

由于郏亶提倡在苏州筑圩围田，触犯了在苏州置有大量田产的副宰相吕惠卿的利益，吕惠卿便以"兴役扰民"为借口，罢了郏亶的官，宣布停修浙江水利工程。

吕惠卿是个变法投机者，他假装革新，骗取了王安石的信任，受王安石推荐，做了副宰相。此时，王安石还没有认清他的真面目，表面上虽然对吕惠卿的处置不置可否，但在内心深处还是赞同郏亶的建议的。

为了弄清事实真相，王安石认为有必要派遣一个得力人员到浙江考察一番，然后决定浙江水利的兴废。

王安石对宋神宗说：

"浙江水利，事关国计民生，不可等闲视之。依臣之见，不如派人前去实地考察，以定是非。"

神宗听了，也觉得王安石说得有理，便问道：

"那么，派谁去呢？"

王安石说：

"派沈括去吧。他是浙江人，熟悉当地情况。再说，他为人心细，一定不会草率从事的。他是最合适的人选了。"

神宗知道沈括精通水利，当下便同意了王安石的建议，任命沈括为浙江相度官。"相"是"视察"，"度"是"处理"。相度官相当于后世的钦差大臣，有处置的权力。神宗还让沈括顺便检查一下浙江一带的新法推行情况。

沈括奉命之后，经由江苏到达浙江。一路上，他一边走一边大搞水利建设。

在常州（今江苏常州）和润州（今江苏镇江），他招募饥民兴修了水利工程。

在苏州（今江苏苏州）和秀州（今浙江嘉兴），他部署疏浚了湖泾浜，特别是由太湖至东海的五汇四十二湾。

在苏州，沈括还组织当地百姓仿造修筑圩田的方法，增加了大片农田，解决了地少人多的困难。

在温州（今浙江温州）、台州（今浙江临海）、明州（今浙江宁波）等地，沈括发动百姓合力修筑堤堰，在海边围地耕种，多打粮食。

沈括到浙江后，发现各地都有抵制"方田均税法"的现象。

王安石推行"方田均税法"，是通过丈量土地，核对人口，确定土地占有情况，从而达到限制豪强和官僚地主对土地的垄断兼并、增加国家赋税收入和徭役人力的目的。但是，豪强和官僚地主隐瞒土地占有情况，逃避税收和徭役，影响了国家的财政收入。

沈括在察访中发现了这种现象后，立即派官吏到各州清查，并允许人们自首，将功抵罪，从而增加了国家的税收和服徭役的人力。

为了减轻老百姓的额外负担，沈括还上书朝廷，为民请命，免掉了浙江百姓每年加向朝廷上缴的十二万匹绢帛。

原来，浙江百姓每年上缴给国家的绢帛已达九十八万匹之多。百姓早已苦不堪言、难以承受了。而发运司衙门又假借种种名义，在这个数额之外，每年又增收十二万匹。沈括在察访中觉得浙江百姓的负担太重了，便奏请朝廷免收了每年向浙江百姓多收的十二万匹绢帛，救了许多百姓。

沈括在察访中，还了解到一个情况：

每年秋收时，谷多价低，而因急需钱用，只得忍痛将辛苦一年所收获的粮食低价卖给大地主和大商人。到了春夏青黄不接之时，农民无米为炊，又不得不忍痛以高价向大地主大商人买粮充饥。沈括了解到这个情况后，建议朝廷设立籴仓，在秋收时由国家收购粮食，免得大地主大商人囤积居奇。

一天，沈括在察访途中，偶然路过温州雁荡山间，发现山上山下，风景奇特，不禁产生了好奇心，于是打定主意考查一下雁荡山。

沈括刚一走进山谷，就遇到了一个隐士。隐士布衣麻履，神清气爽，正坐在草庐前抚琴。

隐士见了沈括，忙站起身来，正要让座，沈括摆手道：

"高士不必多礼，尽管弹琴就是！"

隐士听了，又转身坐下，继续抚琴。

沈括侧耳细听，仿佛被琴声带进了另一个天地，顿觉心旷神怡，几个月的疲劳一扫而光。

待隐士弹完琴，沈括才上前问道：

"请问高士，此山为何叫雁荡山？"

隐士答道：

"谷中奇峰之上有个大湖，相传是大雁留宿的地方，因而称作雁荡。于是，这座山也就称作雁荡山了。"

沈括又问道：

"高士在此隐居多久了？"

隐士答道：

"晋惠帝永嘉年间，北方大乱，四海南奔。我的先人举族逃到此山，从此便在这里居住下来，算起来也有七百多年了。这里就像世外桃源一样，不为外人所知。直到真宗皇帝大中祥符年间，为了将昭应宫改建为玉清宫，上山砍伐木材，才发现这座大山。为了运木材，在前面那座芙蓉峰下修了一个驿站，取名芙蓉驿。站在驿前可以俯视大海。"

沈括见隐士熟悉掌故，又很热情，便请他做向导，隐士一口答应了。沈括随隐士进入谷中，发现谷中有很多壁立千尺的山峰，一座座是那样陡峭、挺拔、惊险、奇异。但这些插入云霄的山峰和巨大的沟壑，却都被包在山谷当中，和别处游历过的山迥然不同。沈括一边走，一边叹道：

"真奇特啊！这么多的高峰，居然全被包在山谷中了。"

隐士附和道：

"可不是嘛！从岭外往这里看，什么也看不见；只有走进谷中，才能见到这些高耸的山峰。但不知这是为什么？"

沈括也在沉思，这是为什么呢？

望着大自然的鬼斧神工，沈括在寻找答案。当他们走完谷中的山山水水，答案终于被沈括找到了：

这里本没有山谷，也没有山峰。后来，年深月久，流水发出的强大冲刷力把沙土全冲走了，只剩下巨大的岩石屹立在那里。于是，过去沙土所在的地方变成了山谷，流水变成了沟壑，巨大的岩石变成了一座座山峰。

沈括对隐士说出了自己的看法。隐士望了望山峰，又望了望山谷，不住地点起头来。

沈括推测出流水的侵蚀是形成雁荡山的原因，从而在世界地质科学史上，第一个提出流水的侵蚀作用和峡谷成因的原理，提示了地形演变的主要规律。

沈括向隐士告别后，又上路察访去了。

经过半年多的察访，沈括走遍了浙东浙西。他发现浙东浙西被划分为一路，是行政区域划分时的一大失策。现在，浙东浙西只设一个长官，因为交通不便，浙江长官长年住在浙西，已经三年未到过浙东了。浙东一带"县事废弛，无人点检"。百姓有冤也无处申诉。

为了加强对浙东的管辖，沈括上书神宗，建议将浙东浙西分为两路，分别设置长官治理。神宗采纳了他的建议。

巧谏神宗

1074年（熙宁七年）夏初，沈括结束了对浙江的察访，回到汴京。

两个月后，他升任右正言，在神宗身边做了一名负责规谏的官。

一天，神宗问沈括道：

"卿可知民间正在登记民车吗？"

沈括回答说：

"听说过的。"

神宗又问：

"你的看法如何呢？"

原来，宋朝建立后，北方的辽国对宋朝造成了很大的威胁。

五代十国时，北方的契丹统治者从儿皇帝石敬瑭那里夺占了燕云十六州。还建国于公元907年，国号契丹，938年改国号为辽，983年恢复旧国号，仍称契丹，1066年又改称辽。

北宋初年，宋太宗曾两次出兵，企图收复燕云十六州，结果都失败了。

宋真宗时，与契丹签订了"澶渊之盟"，双方停止了军事冲突。宋朝统治者不敢与兵强马壮的契丹作战，每年送给契丹数以十万计的银、织，换取暂时的和平。

但是，用财物买来的和平是不能持久的。宋辽边界纠纷始终未停止过。宋朝怕契丹南侵，不得不加强边防。宋神宗熙宁七年，宋军在河东地区增筑堡垒。契丹统治者向宋廷提出了抗议，借机要挟，双方发生了争端。

宋神宗见事不好，急忙下令备战。其中的措施之一就是派宦官登记各地的民车。他认为辽兵擅长骑术，宋军难以抵挡，对付急如暴风骤雨的马队，必须使用兵车。于是，他命令宦官把老百姓的车辆都登记在册，以备在万一发生战争时征用。但是宦官在各地登记民车时，引起了极大的骚乱。这种做法夸大和渲染了战争形势，造成了人为的紧张；很多老百姓不明原委，以为官府要没收车辆了；派往各地的宦官乘机敲诈勒索，胡作非为，弄得鸡犬不宁，人心惶惶。在这种情况下，朝中很多大臣接二连三地请求神宗停止执行这一命令。宋神宋执意不从，仍然一意孤行。但反对的人越来越多，他也不能不产生疑问。这天，他正好和沈括单独在一起，便向沈括征求意见。

其实，沈括早就想规谏神宗了，只是没有适当的机会。如今见神宗主动向他征求意见，觉得机会来了，便故意反问道：

"不知陛下登记民车做什么？"

神宗解释说：

"契丹兵擅长骑术，常常用马队取胜。要对付马队，非用兵车不可。"

沈括故意顺着神宗的旨意说：

"是的。万一辽军入侵，百姓的妻儿老小，田园房屋都不能保全了，区区一辆车子，还有什么值得留恋的呢？何况现在陛下只是把车马登记造册，并没有征用，这又何妨呢？"

神宗高兴地说：

"你说得一点也不错。但是，外面有些人竟为了这点小事唠唠叨叨，议论不休，真是岂有此理！"

沈括接着说道：

"兵车的长处，古书上有明确记载：冲锋时如猛虎下山，势不可挡；驻扎时车车相连，如铜墙铁壁。这是不容置疑的。不过，古人所用的兵车，叫做轻车，用骏马驾着飞跑，又快速又灵活。而现在民车与之迥然不同，全用牛拉，一天都走不了三十里。这种车子如果遇有雨雪，便寸步难行了。人们都把这种车子叫太平车，只能在太平无事时使用。这种车子是上不了战场的。"

沈知这一席话说得神宗如梦方醒，茅塞顿开，笑着说：

"你说得很有道理，看来没必要登记民车了。"

神宗见沈括熟知民情，便又向他问道：

"市易司为了扩大财政收入，建议在四川实行盐禁，将盛产井盐的私商盐井全部填塞，再从盛产池盐的解州（今山西运城、闻喜一带）运池盐到四川，垄断盐利。朕已经同意了。你看此事是否妥当？"

沈括见神宗征求他的意见，立即说出了自己的看法：

"四川一带的小盐井多如牛毛，若在四川实行盐禁，必须到处设卡，派人放哨管理，花在这上面的钱，必将十倍于官卖池盐所获之利，这岂不是得不偿失吗？"

神宗听了这番话，连连点头称是。

第二天，神宗下令停止登记民车，不许在四川实行盐禁。

朝中许多大臣听了此事，又惊又喜，都来问沈括说：

"你用什么办法说服皇上的？"

沈括回答说：

"圣主只可以理服，不可以言争。登记民车和官卖池盐这两件事本来就不合理，假如民车可用，盐禁有利，我也不敢强谏啊。"

事后，神宗对沈括更加信任了，任命他为知制诰，负责起草诏令。

吕惠卿见神宗重用沈括，心怀忌妒，对神宗说：

"沈括为人奸猾，反复无常，不可重用。陛下应小心为是。"

神宗听了，将信将疑。由于国家正在用人之际，好多事离不开沈括，因此神宗不得不倚重他。

沈括想：

这正是"致君尧舜上，再使风俗淳"的好机会，我要鞠躬尽瘁，死而后已。

主持军器监

沈括从河北西路回到汴京后，也没来得及休息，就到军器监上任去了。

军器监是王安石推行新法后，为了加强兵器生产、实行军事改革，特地建议神宗设置的一个新机关。

神宗见沈括有卓越的军事天才，故而让他去主管军器监。

沈括到了军器监，先听了监里官员的工作汇报，然后在官员的陪同下，检查了军器监的武器库。

库里贮藏的武器，大多是由全国各地制造的，质量极其低劣。大部分刀枪剑戟，锋芒极脆；好多盔甲是用纸麻缝成的，连流矢都挡不住。这些粗制滥造的武器，根本上不了战场。

沈括问监里的官员说：

"为什么贮藏这么多废铁？"

官员回答说：

"大多数武器产地技术水平低，工艺落后，也有少数地方材料短缺，因此很难造出质量好的武器和盔甲来。"

沈括望了望几把钢刀，问道：

"这几把钢刀看起来还不错，是哪造的，造得这么好？"

官员回答说：

"这是磁州造的。磁州钢刀削铁如泥，名闻天下啊！"

沈括听后，自言自语说：

"啊，原来是这样！"

为了提高兵器的质量，沈括特地到磁州锻坊去了一趟，详细观察工匠锻铁炼钢的过程。

在锻坊，沈括见工匠们在熊熊的炉火旁，抡着大锤，挥汗如雨地忙着。

沈括找到一个生产经验丰富的老工匠，虚心地向他请教道：

"磁州兵器天下闻名，其原因到底在哪里呢？"

老工匠回答说：

"因为钢口好。"

沈括又问道：

"怎样才能炼出这么好的钢呢？"

老工匠解释说：

"要想炼好钢，学问大着哩。先把熟铁弯绕成盘状，把生铁嵌放在熟铁中间，放在炉中用泥封住进行烧炼，然后再放在铁砧上锻打，使生铁和熟铁互相化合，这样锻打出来的钢叫做团钢，也叫灌钢。因为是生铁和熟铁抱成团儿烧炼出来的，所以叫团钢。因为烧炼时生铁先熔化，其溶液灌到周围的熟铁条中，所以也叫灌钢。现在的一般兵器，都是用这种钢制造的。"

沈括又问道：

"还有比这更好的钢吗？"

老工匠回答说：

"当然有。不过打造一般的兵器，用这种钢就足够了。如果要造宝剑、宝刀之类的名贵兵器，那就要用'百炼钢'了。"

沈括忙问：

"这'百炼钢'是怎么炼出来的呢？"

老工匠如数家珍地说：

"凡铁中含有钢的，就像面粉中含有面筋一样，把面粉里的柔面冲洗掉，面筋就出现了。炼造'百炼钢'时也是这样。它是把熟铁放入木炭炉中加热，使炭渗到熟铁中去，经反复烧炼和锻打上百次，每锻一次称一下，锻一次轻一点，直到反复锻打而重量不减的时候，就成了钝钢。这是铁中的精纯部分，颜色又新又亮，打磨光洁后，看上去黑黝黝的，和一般的铁人不相同。这种钢经上百次锤炼而成，故称'百炼钢'。这种钢的杂质已经全被锻炼出去，含碳量也增加了。"

沈括叹道：

"原来'百炼成钢'和'千锤百炼'是从这里来的，是真有其事啊！你们可真够辛苦的了。"

老工匠笑道：

"从小学徒，已经习惯了，就不觉得有什么苦了。只要吃得饱，穿得暖，虽苦也甜啊！"

沈括详细地了解了磁州锻坊和炼钢工艺，并加以推广，用以生产出大量优质兵器。据熙宁八年五月统计，各种兵器的产量比一年零九个月前军器监成立时的产量增加了一到几十倍。

一天，神宗对沈括说：

"卿熟读兵书，一定了解《九军阵法》。这本书是郭固写的，内容是他对《九军阵法》的详解。虽然他说得头头是道，但颁发到各路帅府后，将领们都说毫无实用，一时议论纷纷，莫衷一是。卿可将此书拿去读读，看郭固讲得是否错了。如果错了，错在哪里？"

原来，《九军阵法》是一部兵书，介绍了古代军队作战的一种阵式，但其详细内容已经失传了，只留下一个名称而已。神宗为了富国强兵，大谈兵法，便想把"九军阵法"挖掘出来。他命令朝中武臣郭固将自己的看法整理出来，写成文字，指导将领们。

郭固认为，"九军阵法"是指九个军共同组成一个方阵，外面用一个驻军环绕，"军中容军，队中容队，则十万人之阵，占地方十里余"。士卒们都要面对面地站着，用侧面对着敌人。

沈括从神宗那里接过郭固写的《九军阵法》，回到府中整整研读了一夜，越读越觉得滑稽可笑。

第二天，沈括对神宗说：

"天下哪有方圆十里的空地，其间没有山丘、溪涧、树木等障碍物，专门准备好供军队去列阵的？还有，九个军挤在一起，外面围着一个驻军，就像九个人共披一张人皮似的，如何分散行动，一动就得死！再说，要士卒面面相对，以侧面对着敌人，又怎么作战？"

神宗听了，沈得沈括讲得十分有理，便问他道：

"依卿之见，'九军阵法'应该怎样理解呢？"

沈括回答说：

"臣以为九军应当各自为政，虽分列前后左右，但各占地利，并以驻军各外自绕，即使越过山林溪涧，仍不妨各自为营。金鼓一响，则进退自如，不致紊乱。由于九军合成一大阵，就像井字形似的，恰恰符合古阵法所说的'背背相承，面面相向'的宗旨。敌军无论触动哪一角，我军都能迅速合力进攻。"

一席话说得神宗如梦方醒，大喜道：

"对！对！对！应该是这个样子。"

于是，神宗当即下诏，颁布沈括详定的阵法。

后来，沈括把他对于阵法的研究编著成《边州阵法》，对宋军的行军作战起到了很大的指导作用。

当时，城墙是防御敌人进行进攻的一种重要工事。守城的兵士可以借助城墙较好地隐蔽自己，并发挥矢石的杀敌作用，有效地抵挡敌人的进攻。因此，城墙修得如何对战争的胜负关系极大。沈括通过大量的调查研究，编著了《修城法式条约》

一书，为当时的反侵略战争做出了很大贡献。

在书中，沈括记载并总结了当时城防用的敌楼、马面、女墙等样式，为筑墙提供了依据。

例如，沈括认为筑城时马面要修得长而密，可达四丈，相距仅六七丈。这样，可以站在马面上回射攻到城墙根上的敌人，使敌人无法攻城。马面是城墙的突出部分。从空中俯瞰城墙，如果用齿轮比喻城墙，则马面就是齿轮的牙齿。由于马面修得长，能够有效地保护城墙，城墙修得薄一些也不会被敌人攻破；反之，即使城墙修得很厚，而马面过短，不能回射攻到城墙根上的敌人，则城很快就会被敌人攻下的。还有，由于马面修得密，两个马面上的矢石可以交织到一起，敌人即使攻到城墙根下，还没等攻城就被消灭了。

军器监初成立时，有人建议恢复古代车战法。王安石和神宗都认为可行。熙宁八年，神宗让主持军器监的沈括画出古代兵车的草图。

沈括受命后，翻阅了有关资料，根据《周礼·考工记》、《诗·小戎篇》等文献和诗章，考定了兵车样式，画出了兵车草图。

神宗审阅后，对草图很满意，命令军器监根据沈括画的草图制成了兵车。

八月，神宗在延和殿前举行军事大检阅，士兵们驾着新造的兵车，参加了这次操演。神宗检阅后，欢喜道：

"有了这种兵车，再也不怕辽军的骑兵了！"

检阅兵车后，沈括也很振奋，他由兵车又想到了战棚。

沈括对神宗说：

"边境上守城时，应随时构筑战棚，以减少伤亡。"

神宗问道：

"什么叫战棚？"

沈括解释说：

"战棚是用长木在城墙上搭的一种棚子，大体上像城楼那样，平时可以拆卸，顷刻之间就能安装好，用以应付突然情况。如果城楼被摧毁，或者没有城楼的地方受到敌人进攻，就应迅速安装起战棚来对付敌人。战士在战棚里可以有效地杀敌守城，免得直接暴露在敌人的箭炮之下。"

神宗听了，下令在边城推广战棚。

出使辽邦

　　沈括主持军器监期间，还有一段插曲，那就是出使辽邦。沈括参观磁州锻坊，便是利用这次出使机会去的。

　　1075年（熙宁八年）3月，神宗任命沈括为国信使，派他出使辽邦。

　　事情的起因是这样的：

　　去年年初，辽国派使者到汴京，向宋神宗递交了一封国书，指责宋军越过蔚州、应州、朔州三州边界增加戍堡，破坏和约。实质是辽国企图重划这三州的边界，向守朝提出土地要求。于是，过了不久，宋辽双方在代州附近边界上的大黄平举行了谈判。辽邦的目的本是索取土地，因此从谈判一开始，辽邦的代表就不抱任何诚意。他们硬是不肯和北宋代表见面，甚至派一万多辽兵越境焚烧宋人的房屋，和宋军对射。后来，他们同意见面了，却又要占据正位，让宋使坐在低一等的座位上，遭到了宋使的拒绝，好不容易开始正式谈判了，辽邦代表又蛮横地提出蔚、应、朔三州应以分水岭为界，却又讲不清具体的地点。因为所有的山都能分隔水流，分水岭并不是明确的地名。这样，谈判从夏天一直拖到冬天，虽然经过多次会议，却依然毫无结果。大黄平谈判陷入了僵局，宋神宗决定派使者直接和辽道宗交涉，于是选中了文武全才沈括。

沈括正要动身时，辽道宗派出的使臣萧禧，带着国书来到了汴京。

萧禧一到汴京，就显出一副蛮横的态度。负责接待的宋朝官员要他预习礼仪，以便上朝见宋朝皇帝时能合乎规矩，但他拒不预习。辽邦的国书措词也相当强硬，不仅诬指宋人越境滋事，而且将大黄平谈判出现的僵局归咎于宋使，还要求宋廷早派边臣审视，拆去"越境"修筑的戍堡。

宋朝负责与萧禧谈判的官员据理力争，同他辩得舌干口燥，常常到深夜还不得休息。

宋神宗见辽邦强大，怕惹起战争，又听说辽邦在边境集结军队，更加忧心忡忡，于是决定做些让步。但萧禧仍不答应，对于三州土地，坚持要以分水岭为界。

按照惯例，双方使者在对方都城停留不得超过十天，但萧禧却赖在汴京不走，声称不达目的决不回去，公然进行要挟。

正在宋神宗焦头烂额的时候地，却遇到了救星。这救星就是沈括。

由于萧禧的意外到来，国信使沈括没有出发。他仔细查阅档案，研究地图，弄清了边境现状和辽邦的意图。于是，他向神宗上了一道奏章，明确地指出：

根据过去议定边界时书面证据和现在朝廷作出的让步，已经符合辽邦所咬定不放的"以分水岭为界"的要求了，不妨就同意萧禧提出的条件，免得他得寸进尺，索取更多的土地。另外，双方现在所争的主要地段是黄嵬山，而辽邦两次提出的界至前后不一，相差竟达三十里。上述情况有关大臣全然不知，只是糊里糊涂地进行交涉，迟早会造成更大的损失的。

经沈括点明，神宗如梦方醒。神宗读到奏章这天，正值百官休假。他特地打开天章门，对沈括到资政殿面谈。神宗慨叹道：

"大臣们不懂地理，不知前朝史事，几乎误了国事。"

神宗越说越激动，不由得拿起笔来，按沈括所奏画了一幅地图，叫侍臣拿到中书省和枢密院，将大臣们责备了一顿。

接着，神宗命令大臣们把地图拿给萧禧看。萧禧自如理屈，终于无话可说了。

事后，神宗赏给沈括千两白银，并说：

"如果不是卿上奏章说明，就无法制服萧禧了。"

为了让萧道宗验看过去双方画界的书面证据，使他心服口服，宋神宗决定派遣沈括出使辽邦。

萧禧听说宋廷要抛开他直接和辽邦交涉，深恐那样不仅会显不出自己的功劳，回去后还可能受到责罚。既然以分水岭为界的目的已经达到，不如赶快收场吧。萧禧想到这里，便力图避免被动，匆匆收下了划界文书。

萧禧既然收下了文书，双方的谈判也就等于有了结果。宋神宗有意把这个事实肯定下来，而要达到这一目的的最好办法，当然是派使臣到辽邦致谢。于是，他将沈括由"国信使"改为"回谢辽国使"，派他前往辽邦。

行前，沈括估计到辽邦决不会就收罢休，到辽邦后必然困难重重。很多人都为沈括捏一把汗，而沈括却坦然地说：

"我所忧虑的，是我的才智能不能胜任使命。至于个人的生死祸福，早已置之度外了。"

为了请示交涉事宜，沈括求见神宗。君臣相见后，神宗担忧地问：

"辽人反复无常，喜怒难料。如果他们蓄意加害于使者，卿将如何？"

在国家安危和个人生死之间，沈括早已作出了抉择。他毫不犹豫地回答说：

"臣愿以死报国！"

神宗知道沈括是热血汉子，说到做到，不由得深受感动，劝道：

"卿忠贯日月，固当如此。但卿此次出使，责任重大，关系到国家的安危，卿安则边境安社稷安。我国是礼仪之邦，与虎狼之邦急气真不值得，千万不要轻易捐躯！"

按照萧禧收下的划界文书，宋辽双方有争议的边界只有黄嵬山一处了。沈括通过查阅档案得知早在仁宗皇帝在位时，宋辽双方就曾派员勘察过黄嵬山一带，并以石峰为界，还设有界至。宋朝坚持这一带的主权，是有理有据的。萧禧之所以理屈词穷地接受了划界文书，正是因为宋廷拿出了确凿的书面证据。沈括根据这个经验，在动身离京前搜集了同辽方交涉的最有力的武器，即几十份与边界纠纷有关的书面证据，并和随员一起把这些文件背得滚瓜烂熟，以便随时应付辽邦的无理刁难。

四月中旬，沈括一行离京北上。不久，他们到了边境上的雄州（今河北雄县）。当他们要过境进入辽邦时，竟遭到了无理的阻挠。因为沈括的名义是"回谢辽国使"，辽邦很忌讳这"回谢"二字，于是他们送牒书到汴京，要求将宋使的名义为改"审行商议"的字样，以便索取更多的土地。宋廷当然不肯答应。于是辽邦又屡次在边境举起烽火，进行威胁。沈括见了，更加感到肩上使命的重大。

这时，沈括的哥哥沈披正担任雄州安抚副使。宋朝的安抚使负责处理县一级行政地区的军民事务，权力很大。沈披见沈括滞留雄州，便时常和他促膝长谈，互相勉励。

一天，沈披向弟弟讲起了雄州的一段逸事：

"仁宗皇帝在位时，兵马都监李允则镇守雄州，为了加强城防，打算扩展北城，但又怕辽人借机寻衅。李允则才略过人，他先叫人制了一只银质大香炉，放在北门外的大庙中，故意不设防备。不久，香炉被盗。李允则大事追捕盗炉人，结果毫无所得。于是，他借机声言为防盗必须筑城，不多天便筑了北城。辽人见了，也不以为怪。他们中了李允则的香炉计了。"

沈括听了，哈哈大笑道：

"大抵军中的诈谋，未必都是奇计。但只要能够使敌人中计，便可成奇功了。"

沈括在雄州滞留了二十多天，直到萧禧回到辽邦，辽道宗才允许沈括一行人过境。

沈括从辽邦的种种行动，进一步感到此行十分危险。自己能否生还并不足道，要紧的是怕辽兵入侵，生灵深炭。想到这里，沈括在出境前写了一篇遗奏，让哥哥转递朝廷，向神宗献上了御敌之策：

臣如果不能南还，辽邦必然倾国来犯。制敌之策，只有聚兵定武，会合西山人马，守卫磁州、赵州。黎阳一带河狭易渡，应分澶州、大名两地驻军扼守白马津。怀州、卫州应坚壁自守，断敌通路。辽兵不得西进，必自中路出兵，直趋河桥。我可决开河堤，引水灌之。辽兵纵有百万人马，也将尽为鱼鳖了。唐河源泉出西山，可用布袋盛土将其壅塞。待敌北还时，移去布袋，放水断敌归路。再令镇州、定州之兵追击辽兵，则辽兵必将全军覆灭了。

沈括写好了奏章，便率随员出发了。他们越过边界，进入辽邦，来到了燕云十六州。望着大好河山，沦于敌手，沈括叹道：

"石敬瑭卖国求荣，认贼作父，误国实深，害民不浅啊！"

为了给收复失地做准备，沈括细心观察一路上的山川地理形势，牢记心中。他要画一幅辽国地图，供将来宋廷出师之用。

虽然宋辽双方形势万分紧张，出使辽邦等于身入虎穴，但沈括仍然镇定自若。他一面细心地观察山川地理形势，一面认真地考察辽邦的风土人情、民俗习惯、动物植物、天文气象，这已经是他的习惯了。

一路上，沈括见辽人都穿着红色或绿色的窄袖短衣，足蹬长筒靴子，腰间挂着鞢。窄袖便于骑马射箭，短衣长靴便于在草原上来往。鞢是附有许多环形小圈的皮带，便于把弓箭、佩巾、装计算用具的小皮袋和磨刀石之类的物品挂在上面，随身携带。

辽人喜爱水草丰盛的大草原，经常居住在草原中，即使是宫廷，也设在茂盛的草原中间。

沈括到辽人的宫廷所在地时，恰巧大雨刚停。走过草原时，沈括一行人的衣服都被沾湿了，而辽人的衣服却一点也不湿。

沈知想了想，叹道：

"辽人也有辽人的长处哩！"

后来，沈括将这些都写进了《梦溪笔谈》。

辽人的宫廷设在永安山（在今河北平泉南）下。沈括一行人刚住进帐篷，沈括连衣服也没换，就匆忙走到帐篷外，观察塞外雨后初晴的景色。

望着望着，沈括见天空出现了彩虹。虹的两头都下垂到小溪里。

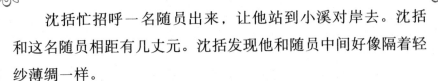

　　沈括忙招呼一名随员出来，让他站到小溪对岸去。沈括和这名随员相距有几丈元。沈括发现他和随员中间好像隔着轻纱薄绸一样。

　　沈括进一步观察并研究虹，发现站在小溪的西岸向东岸望去时，能够看见虹；而站在小溪的东岸向西岸望时，就什么也看不见了。

　　沈括想：

　　"这是为什么呢？"

　　沈括有个习惯，就是好动脑思考，对什么现象都要问一个为什么。现在，沈括又动脑思考了。

　　沈括边观察边思考，很快便找到了答案：

　　因为这时正是傍晚，由东向西望时，由于太阳光晃眼睛，所以见不到虹。

　　找到了答案，沈括才回帐休息。

　　第二天，又走了一段路，终于走到了辽道宗的宫前。

　　这一天是五月二十三日。

　　两天后，沈括进宫见了辽道宗，递交了国书。

　　二十九日，辽道宗派代表设酒宴招待宋使，双方开始谈判。

　　辽邦代表枢密使杨遵勖首先发问道：

　　"听说蔚、应两州的边界已经划定了，只有朔州一处尚未解决。沈大人此次前来，不知有何见教？"

　　沈括明白辽邦想否认接受划界文书的事实，以便提出领土要求，当即回答说：

　　"朔州边界早已划清了，因此派我来回谢！"

辽邦代表右鉴大夫梁颖接上来说：

"不对！朔州地界必须重新划定，这是我们大辽皇帝的旨意！"

沈括早已做好了准备，从容不迫地回答说：

"这样的公事，我等不敢与闻。我等只是奉命前来回谢的。不过。我虽不在其位，但既承诸位动问，可也不敢不答。关于三州地界的划定，只要北朝拿出书面证据，南朝决无异议。而朔州黄嵬山一带，已有书面证据，不必再争了。"

沈括三言两语，就说到关键地段，却又故意不点明其归属。

梁颖迫不及待地说：

"黄嵬山自来就是北朝领土！"

沈括微笑着问：

"北朝有何书面证据？"

梁疑一听就慌了，只得反问道：

"南朝有何证据吗？"

沈括侃侃而谈：

"南朝多次收到北朝的公文，这些公文在谈到朔州黄嵬山时，都承认它是南朝的领土。这些公文有的是十年之前的，有的是现在的，有的是州县发的，有的是辽帝发的。"

沈括引用辽邦的文件反击，等于是辽人自己打了自己的嘴巴。

梁颖招架不住了，强词夺理地说：

"我只知黄嵬山一向以分水为界，南朝却要以六番岭为界，有何书面证据吗？"

沈括说：

"当然有。不知北朝以分水岭为界，可有书面证据吗？"

"自然是有的。不过，请先拿出南朝的证据来。"梁颖躲躲闪闪地说。

沈括坚持说：

"请先拿出北朝的证据来！"

沈括穷追不舍，把本来没有证据的梁颖逼得汗都出来了。这时，沈括才说出南朝的所有书面证据。

梁颖自知理亏，却又蛮不讲理地说：

"为何东西两处都以分水岭为界，唯独黄嵬山不以分水岭为界！"

沈括巧妙地回答说：

"既然北朝愿意以分水岭为界，那么，西至岢岚（kě lán）军，东至檀州、顺州，都以分水岭为界吧！"

梁颖一听，觉得那样划分辽邦将大为吃亏，连忙说：

"那可不行！"

沈括笑道：

"大人原来也知道那样划分不行啊！"

就这样，沈括和辽邦代表前后共举行了六次谈判。虽然辽邦代表多方诘难和诡辩，他都处之泰然，从容不迫，依据事实，对答如流，以书面文件作证，把辽邦代表驳得哑口无言。

最后，辽邦不得不放弃了对土地的无理要求。

这年六月，沈括一行人离开永安山。在南返的途中，沈括仍留心四周的山川形势，地理方位，为绘制地图作准备。

一天，正行走间，从路旁的树林中窜出几只兔子。大家一看，都惊呆了。原来这些兔子的腿长得很特别：前腿短；后腿长；前腿才一寸多长，后腿将近一尺长。

沈括忙问辽邦的向导说：

"这是什么兔子，怎么长得这么怪？"

向导说：

"这是北朝树林中特有的兔子，因它走路时总是一跳一跳的，所以叫做跳兔。"

沈括听了，忙叫随员去捉了一只，准备带回汴京研究。

每晚住下后，随员们很快便进入梦乡了。沈括不顾一天的劳累，细心地在灯下绘制地图，总要到后半夜才肯休息。

回到汴京后，沈括将一路上绘制的草图整理一遍，题名为《使契丹图秒》，献给神宗。

神宗接图在手，看了又看，见上面详细地画着道路远近、屯兵要地，分明是一幅收复失地的进军路线图，不禁叹道：

"卿真是有心人啊！"

沈括说：

"燕云十六州沦于契丹之手，百姓不胜其苦，日夜盼望王师早日北上，收复失地，救苍生于水火之中啊！"

神宗说：

"他日若能收复十六州，卿这是第一功哩！"

沈括休息了几天，又到军器监去了。

主持三司

    1075年（熙宁八年）10月，神宗让沈括去主管三司。

    三司是盐铁、户部、度支三司的总称。三司是宋朝管理财政的最高机关，地位十分重要。因此，三司的长官三司使又称"计相"。

    神宗为了富国强兵，见沈括精明强干，又拥护变法，所以罢免了原来的三司使，让沈括去主管三司。

    沈括雄心勃勃地走马上任，了解一下全国的财政情况后，便大刀阔斧地进行了改革。

    一天，沈括有事去见神宗，神宗面有忧色地问他道：

    "卿说说看，到底什么时候能下雨呀？"

    沈括肯定地说：

    "明天一定会下雨！"

    神宗听了，脸上出现了笑容。

    沈括走后，神宗身旁的侍臣对神宗说：

"陛下，外面烈日炎炎，晴空万里，明天怎么会下雨呢？"

神宗见侍臣这样说，心中也泛起了疑云。

是啊，前些天连日阴云密布，尚且没有下雨，而今云开日出，天晴气燥，怎么会下雨呢？

原来，沈括出使辽邦前后，全国许多地区因干旱和蝗虫造成了严重的灾荒，百姓流离失所，神宗寝食不安。汴京一带也难逃厄运，也同样是久旱不雨。为了普降甘霖，到处都有人在祈雨。

这时沈括对神宗说明天一定会下雨，侍臣们说什么也不相信，神宗也不知听谁的好了。不料第二天，真像沈括预言的那样，果然天降大雨了。

侍臣们望着滂沱大雨，佩服地说：

"沈大人上知天文，下知地理，真是神人啊！"

由于沈括热爱科学，钻研科学，掌握了天气规律，所以能够透过现象看到本质，不被表面的天气现象所迷惑。

沈括在三司主管全国财政长达一年零八个月。他呕心沥血，绞尽脑汁，千方百计地为国家兴利除弊。

首先，沈括改革了陕西的盐钞法。

盐钞法是宋朝国家专卖食盐的一种措施。仁宗皇帝在位时，宋朝常和西夏发生军事冲突，陕西一带常屯有重兵，军费浩大，国库难以支付。于是，有人想出了一个办法，即盐钞法，办法是让盐商到陕西用现金换取盐钞，然后拿盐钞到产盐的解州（今山西解虞）去支盐，便可到各地去贩盐获利了。这样，不但国家增加了盐利，边费也解决了十之七八。

后来，盐钞法被破坏了，原因是国家财政困难，入不敷出，为了救急，竟大量印制盐钞，使得商人买了盐卖不出去，无人再肯用现金去换盐钞了。

沈括经过调查研究，发现盐的销售量大于需求量，是盐钞法被破坏的根本原因。于是，他建议少印盐钞。

沈括对神宗说：

"民间每年用盐不过三十五万袋，折合现钞二百一十多万贯。今后，盐钞发生应以每年二百万贯为定额。这样，供小于求，盐商见手中的盐能够卖出去，有利可图，自然踊跃认购盐钞了。"

神宗早已被财政拮据弄得心乱头疼了。如今见沈括有了筹集军费的办法，当然乐于听从了。

沈括改革陕西盐钞法不久，军费解决了，国库也增加了收入。神宗开始喜形于色了。

神宗见沈括确实有理财的才能，又向他询问钱荒的原因：

"这些年来钱币枯竭，原因究竟在哪里呢？"

沈括早已把这个问题研究透了，他从容不迫地回答说：

"造成钱币枯竭的原因总共有八个。其中有两个原因是正常的：一是人口日增，费用日繁，钱币不足，不足为怪；二是钱币在水火灾害中丢失销熔，在使用过程中破碎磨损，这是无法避免的。另有五个原因，是可以而且必须设法防止的：一是民间用铜钱制造铜器，对付的办法是实行铜禁，否则，天长日久，铜钱将一个不剩，不止是减少而已；二是盐钞失去信用，富家储藏盐钞的都改为储藏钱币了，流通的钱币自然就减少了。改变这一现象的办法是稳定盐钞的价值。改革陕西盐钞便是从根本上加以解决的办法。盐钞是纸质的，体积小，重量轻，人们是非常喜欢用它来攒钱的；三是金银都被人们拿去制造金器和银器了，导致币路狭窄，应该用金银来辅助货币的流通，当做货币使用；四是官府库藏的钱币太多了，连一般的小县都在万贯以上。而钱是应该流通的，好比十户人家各有钱一万贯，如果把各家的钱集中到一个人的手里，即使过了一百年，仍然还是十万贯钱。如果十户人家都把自己的那一万贯钱用起来，则很快就能变成一百万贯了。因此，应该让钱不断地流通，不断地使用，避免钱币枯竭；五是百姓用铜钱私下到边境去买牛羊，使钱币大量外流，因此要禁止百姓私下贸易。最后还有一个原因，那就是西部偏僻地区的百姓用铁钱私换羌人的马、羊。但这对我们是有好处的。因为那里的铁钱本来就过剩，不如让它流入羌中，换回有用的战马和肉羊。同时，官府还可以对私人贸易进行征税，增加了一项收入。那里的钱币既然不过剩了，粮草的价格也将下跌，边防驻军的费用自然也就减少了。而流到外地的，只不过是一些多余的铁罢了。"

神宗听了，笑着说：

"卿对于理财，真是洞若观火啊！"

沈括的货币思想，核心是调节货币的流通量，使之与社会需求相适应。货币过多则会贬值，引起物价飞涨；货币过少则会影响货物的流通。另外如实行铜禁，稳定盐钞所值，开阔币路，增加货币各类，也都是为了这一目的。沈括的货币理论在中国经济思想史上达到了前所未有的系统与完整。"钱是应该流通的"等见解，在欧洲直到17世纪才有人提出，比沈括要晚600年。

正当沈括大有作为，将他的货币理论付诸实践的时候，他的政敌，时任御史大夫的蔡确竟上书弹劾他，诬指他为保持个人权位，行事前后不一；私自跑进相府，结纳新执政的大臣；说话前后矛盾，反复无常。而神宗竟误听了小人之言，罢免了沈括的官职，将他贬到宣州（今安徽煊城）去做知州去了。

事情的经过是这样的：

王安石变法之后，遭到了守旧派的激烈反对。开始时，神宗坚决支持新法。但守旧派在曹太后的支持下继续反对新法，越来越猖狂。1072年（熙宁五年）8月，太子中允唐坰（jiōng）捏造王安石罪名六十条，在朝堂上大声宣读。1074年（熙宁七年）4月，曹太后亲自出面，对神宗说："祖宗法度，不宜轻改。"神宗经不住这些人的反对，开始动摇了。王安石感到很失望，主动辞去了相位。次年二月，王安石虽然再次出任宰相，但反对派攻势不减，而革新派内部又出现了叛徒。王安石的助手吕惠卿为了推倒王安石，实现个人的政治野心，竟也千方百计地陷害王安石，甚至把王安石过去写给他的信都公布了。信中有"无使上知（不要使皇上知道）"的话。至此，神宗终于下了决心，于1076年（熙宁九年）9月，罢免了王安石，停止推行新法。

沈括是新法的积极支持者，守旧派怎能放过他呢？他们在千方百计地寻找机会。机会终于被蔡确找到了。

早在熙宁初年，王安石提出新役法时，规定过去豁免徭役的官僚地主、寺院地主和城市商人都要以钱代役，只有城乡的贫苦下户，可以免交役钱。但新役法在执行时，有的执行者故意破坏，有的执行者为了中饱私囊，使得新役法执行得走了样。如两浙一带，本来规定城市居民家产不满二百贯、农村居民家产不满五十贯的，可以不出役钱，实际上家产低于这些规定的，也都被迫出钱了。按照旧时的徭役法，贫苦下户虽然要服徭役，但也只是轮流摊派，并非年年有份，总还有个喘息的机会。自从新役法推行后，贫苦的下户反倒每年都要交役钱了，这和王安石的初衷是大相径庭的。

1076年（熙宁九年）11月，沈括上书神宗，为民请命，请求将两浙的税收总额减少五万贯，以免除二十八万余户贫民的役钱，并请神宗在全国各路均照此办理。

上书后不久，一天沈括因公事到相府去。这时，王安石已经罢相了，新任宰相吴充问沈括道："新役法到底可行否？百姓有何反应？"

沈括道："新役法倒没有什么不好，只是下面执行时出现了许多弊端。"

接着，沈括详细介绍了新役法的执行情况，并提出了免除下户役钱的建议。吴充听了，极表同意，当即写成奏章建议神宗采纳沈括的主张。

不料，1077年（熙宁十年）7月，蔡确竟以此事为借口，上书神宗，诬蔑沈括在王安石罢相后，为了保持个人权位，对新役法由拥护转为反对；私自跑进相府，结纳新任宰相，私献计谋，越职言事；先说减少两浙下户役钱，后又说免除两浙下户役钱，前后矛盾，反复无常。

其实，蔡确所罗织的这些罪状，都是站不住脚的。沈括建议神宗改革的，正是有碍新法推行、违反新法本意的弊病。沈括进相府是去办公事，吴充向他问起新役法他才提出建议的，并非私献计谋。三司之一的户部是掌管全国土地、户籍和赋税的，役钱是当时的重要财源，官吏的俸禄完全依靠这项经费维持开支，掌管全国财政的三司理当过问此事，沈括作为三司使，完全有权谈论役钱，决非越职言事。至于说到"减"和"免"的矛盾，更是欲加之罪，何患无辞。事后，沈括苦笑着说：

"按一路来说是减，按每户来说是除，减役钱和除役钱是一回事，有何矛盾呢？"

这样看来，沈括根本没有罪。

那么，神宗为什么会误听小人之言而罢免沈括呢？

其实，原因很简单：神宗已经变了，他连变法的主持人王安石都罢免了，何况王安石的追随者了！

沈括怀着忧郁的心情离开汴京，到宣州上任去了。一路上，他很痛苦。他觉得对不起母亲。他那"致君尧舜上，再使风俗淳"的宏愿终于落空了。其实，沈括无需自责，不是他无才干，而是神宗无魄力。

十六年前，沈括曾被派往宁国担任县令。如今，他又被贬到距宁国仅有百里之遥的宣城！十六年来的往事，一幕幕在沈括脑海中闪现：整顿司天监、主持军器监、出使辽邦、主持三司……沈括越想越觉得自己无愧于心。

镇守鄜延路

沈括在宣州知州任上，干了将近三年，把宣州治理得井井有条，物丰民乐。

1080年（元丰三年）5月，沈括改任延州（今陕西延安）知州，6月，又被朝廷任命为鄜延路经略安抚使。

唐朝贞观二年（628年），开始在边州设置经略使，统领边防部队。后来常以节度使兼任。宋朝初年，不设置此职。仁宗宝元年间，为抵御西夏入侵，在西北沿边诸路设置经略使，因常兼任安抚使，所以也称经略安抚使，掌管一路军政大权。

鄜延路在陕西北部，与西夏接壤，是个极有战略意义的军事重地。

西夏是党项人建立的政权，长期以来一直构成宋朝的边患，对宋朝的国内安定形成了威胁。因此，沈括出任鄜延路经略安抚使，其责任是很重大的。

那时，西夏幼主惠宗在位，外戚专权，国内出现了政治危机。宋神宗想乘机向西夏用兵，借以摆脱西北地区所处的窘境，因无将才可遣这才想到了沈括。

沈括到任后，加强边防，整顿军队，视察前线，积极准备出兵。

一天晚上，沈括正在灯下翻阅公文，发现油灯冒的烟很浓，把新挂不久的帷帐都熏黑了。这引起了他的注意。

他放下公文，仔细地察看起来，这才发现灯油与用过的灯油截然不同，就像纯漆一样。

望着这见所未见的东西，沈括的钻研劲头又鼓起来了。

第二天，沈括找来一个出生当地的幕僚，向他问道：

"府中用的灯油像纯漆一样，冒的烟又那么黑，这是什么油啊？"

幕僚回答说：

"这是高奴（今陕西延长县一带）产的油。这种油出产在水边，在沙石和泉水相杂的地方慢慢地流出来。当地百姓用雉尾上的羽毛把油沾上来，收集到瓦罐里。"

沈括听到这里，问道：

"《汉书·地理志》上说：'上郡高奴县有洧（wěi）水，可燃。'洧水指的就是这种油吧？"

幕僚回答说：

"正是。唐朝段成式编著的《酉阳杂俎》里说：'高奴县石脂水，水腻，浮水如漆，采以膏车及燃灯极明。'石脂水指的也是这种油。这种油名称极多，古代称之为'石漆'，汉朝称'洧水'，唐代称'石脂水'，五代及我朝称'猛火油'，或单称'火油'。此外，还有'石脑油'、'石烛'、'火井油'、'雄黄油'、'泥油'等名称。这种油埋藏在地下，取之不尽，用之不竭。"

沈括喜道：

"这太好了。目前齐鲁一带的松林已经砍光，不久太行山区、豫西、陕南、鄂北、江南一带的松山也会被砍成秃山的。这种油将来一定会派上大用场的。"

沈括回到书房，望着帷账上黑黑的油烟污迹，心中想道：

这种烟迹可以利用。

于是，沈括收集了一些烟迹，用油烟制造了一块墨，写出字来又黑又亮，像漆一样，连松烟做的墨都比不上。

幕僚们见了，都问道：

"这是用什么名贵的墨写的，怎么这么好？"

沈括说，

"这是用咱们府中油灯的油烟制造的墨，并不是什么名贵的墨。"

幕僚们吃惊道：

"大人真是用心独到，连我们本地人都没有想到。"

沈括见人们都夸好，便大量制造油烟墨，并给这种墨定名为"延川石液"。

后来，沈括把这一切都写进了《梦溪笔谈》，并称这种油为"石油"。

正像沈括预言的那样，今天石油已经派上大用场了。但第一个提出"石油"这个名称的却是沈括，第一个利用石油制品的也是沈括。他为我国石油科学技术的发展做出了贡献。

经过沈括一番整顿，鄜延路的军队战斗力大大加强了。

1081年（元丰四年）6月，西夏发生内乱。神宗下令出动二十万大军。兵分五路，进攻西夏。这五路便是环庆路、泾原路、熙河路、鄜延路、河东路。

这次出兵，由于宋年深入西夏腹地，粮草不继，终告失败了。

战争期间，沈括在延州担任留守。他率军击退了西夏的偷袭，还巧布疑兵，连克西夏边境上的三个营寨。当宋军败退时，沈括又声东击西，采取迂回战术，攻下两座西夏军事要塞，擒获敌军主将。

在宋军五路大败的情况下，只有鄜延路在沈括的运筹下，能够败中取胜，先击败了西夏军乘胜南下的计划，从而稳定了边境的局势。

沈括胜不骄，败不馁，继续练兵，经常亲临校场，指挥宋军学习阵法。

一天，刚练完兵，一个副将走过来对沈括说：

"大帅，永宁关附近的黄河土岸崩塌了，裂缝有几十尺深，在土里露出一片竹笋，总共有好几百根，都变成石头了。围观者人山人海，谁也说不清是什么道理。"

沈括吃了一惊：

"有这种事？走，快去看看。"

沈括随副将来到永宁关外，果然见到了石竹笋。

沈括细心地观察一番，对副将说：

"延州从来没有竹子吧！"

副将说：

"是的，这地方不适合竹子生长。"

沈括说：

"这些竹笋埋在几十尺深的土里，不知是什么朝代的东西。可能在很古很古以前，这一带低洼潮湿，适合竹子生长吧？这些竹笋埋在地下，年深月久，化而为石了。"

副将听了，连声说道：

"大帅所言极是！"

沈括正确地指出化石是古生物石化的结果，并根据化石论证古今气候的变化。他这种科学创见比达·芬奇要早400年。

1082年（元丰五年），为了加强边防，沈括对鄜延路做了大量的地貌考察，并研究了以往西夏与鄜延路宋军交战的情形。沈括发现，过去由于在这一路上双方中间隔着沙漠，谁先越过沙漠进攻对方，谁就必败无疑。

为此，沈括特地考察了无定河流域的沙漠地貌。沈括发现，人马走在沙漠上，百步之外的地方都会发生震动。下足处一旦塌陷，几百人瞬间便消失了。

沈括向当地百姓说：

"沙漠可真险啊！"

百姓说：

"是啊！这就是流沙，也叫活沙，会吃人的。"

沈括问道：

"西夏与我路隔着一望无际的大片沙漠，怎么都能经常进犯我们鄜延路呢？"

百姓说：

"自从西夏军占据了沙漠以南的山界后，有险可守，有民可使，有粮可食，因此常常进犯我们。"

沈括想：

如果宋军能够控制住山界，便可占有山界一带的地势，进可攻，退可守，以逸待劳了。

沈括考察边境上的地貌后，画了两本地图，并在此基础上，决定重修山界北坡上的古乌延城，以便驻屯兵马，稳操胜券。

不幸的是，神宗派来的钦差大臣徐禧，坚决反对重修古乌延城，一意孤行地修筑了永乐城，完全是出于嫉贤妒功。

永乐城在米脂寨西一百五十里处，北倚崇山峻岭，南临无定河。永乐城于1082年9月筑成，四天后便遭到西夏军主力的袭击。经过十二天的战斗，永乐城终于陷落了。宋军阵亡官兵达一万二千五百多人，损失夫役无数。

事后朝廷追究责任，把罪过都一股脑推到永乐城的修筑上，认为这是多生枝节，招惹事端。因为沈括是鄜延路的最高统帅，神宗便让他做了替罪羊。

永乐城陷落后的第十天，神宗下诏贬沈括为均州（今湖北均县）团练副使，拿一份干禄，到随州（今湖北随州）去过没有自由的、被监护的生活。

团练使本是唐明时的地方武官名，在不设节度使的地方设置，掌管本地区或本州的军事，常由刺史兼任。宋沿唐制，也在诸州设置团练使，但没有具体职务，也不驻本州，仅作为武臣的官阶。

沈括接到神宗的诏书后，立即动身前往随州。从此，沈括的政治生涯结束了。

这年，沈括五十二岁了。

沈括二十四岁跨入仕途，在将近三十年的宦海浮沉中，他爱国爱民，忠于职守，是无罪而有功的。

从秀州到梦溪园

沈括到随州后，借住在法云禅院里，过着孤独寂寞的生活。

三年后，1085年（元丰八年）3月，神宗驾崩，在位十九年，享年三十八岁。

神宗第六子赵煦即位，史称哲宗。

新皇帝嗣位，照例要大赦天下。沈括因此被改授为秀州（今浙江嘉兴）团练副使，仍旧拿着一份干禄，可以到本州去居住了。沈括的本州就是钱塘所属的杭州。

这年冬天，沈括怀着喜悦的心情，移居杭州，又可以和亲友团聚了。

1088年（元祐三年），沈括将他绘制的《天下州县图》献给朝廷。哲宗览图大喜，特赐给沈括一百匹绢，并准许他随便择地居住。

绘制《天下州县图》是沈括主管三司时主动提出的。

那时，他对神宗说：

"天下地图，至关重要。但目前尚没有一套完整而详尽的地图，很多地方在地图上找不到，不利于行政管理。请陛下准许臣到职方司借阅地图资料，以便绘制一套完整而详尽的天下地图。"

唐宋至明清都在兵部设置职方司，负责收藏和管理天下地图等事。

神宗听说沈括要绘制地图，觉得这对用兵很有用处，当下便一口答应了。

从那时起，沈括开始了艰苦的绘制工作。经过了十二年的辛苦劳动，沈括终于将《天下州县图》绘制成功了。

《天下州县图》又称《守令图》，全套地图包括大图一幅，小图一幅，诸路图十八幅。大图是总图，小图是东京、西京、南京、北京等四京图，诸路图包括京东路图、京西路图、河北路图、陕西路图、河东路图、淮南路图、两浙路图、江南东路图、江南西路图、荆湖南路图、荆湖北路图、成都路图、梓州路图、利州路图、夔州路图、福建路图、广南东路图、广南西路图。

沈括在绘制《天下州县图》时，既注意了我国的优秀绘图传统，又有所创造和发展。

晋代地图学家裴秀（224—271）曾提出绘制地图的六项原则：分率（比例缩尺）、准望（地理方位）、道里（实际距离）、高下（地势高低）、方斜（地形状况）。迂直（道路曲直）。沈括在此基础上，又新增加了"傍验"一法，即从侧面考察验证。

此外，在绘制地图时，为了使地理方位更加准确，沈括将过去的四至（东、南、西、北）、八至（东、南、西、北、东南、西南、东北、西北）又细分为二十四个方位，称为"二十四"至。图画成后，沈括又将天下州县的二十四至编写成书，并说：

"将来，即使把地图丢失了，也可以根据这本书把地图复制出来。"

沈括在绘制《天下州县图》时，为了确定州县的方位，对指南针进行了详细的研究。他家里收藏了好几种指南针：插在灯草上使之漂浮在水面上的指南针，平放在指甲上的指南针，平放在碗边上的指南针，用蜡把针腰粘在一股没有扭转应力的单股蚕丝上的指南针。沈括对这四种指南针进行观察和实验，认为第四种最好，第一种容易在水中摇荡，第二种和第三种容易坠落。

沈括还发现指南针有的指南，有的指北，而指南的磁针并非总是指南，经常微微偏东。沈括因而成了世界上第一个发现磁偏角的人。

由于献图有功，朝廷取消了对沈括的限制，于是他立即移居润州，住进了梦溪园。

梦溪园是沈括贬官宣州时花了三十万钱买的。

在梦溪园中，有一座小山，山上长满了花草，好像锦绣一样。沈括给这小山起名叫"百花堆"。

百花堆下，泉水淙淙，水上乔木蔽天，这就是梦溪。

沈括三十多岁时，在梦中曾到过一处，有山有水，景色与润州这座园子完全相同。

沈括刚走进这座园子，不禁惊叫道：

"这不就是我当年梦中所游之地吗！"

于是，他就将这座园子称作"梦溪园"了。

沈括在梦溪园中度过了他的晚年。

沈括在园中，过的完全是隐居生活。他专心致志地读书写作，累了时或在溪上垂钓，或在水中划船，或在竹林中抚琴。他把琴、棋、禅、墨、丹、茶、吟、谈、酒称为"九客"，当成了自己的好友。

在园中的六年之间，沈括写了大量的著作，有目录可考的，就有三十五种以上。其中最为后世珍视的，要数《梦溪笔谈》了。

《梦溪笔谈》原书共三十卷，现在的传本都作二十六卷，分为故事、辩证、乐律、象数、人事、官政、权智、艺文、书画、技艺、器用、神奇、异事、谬误、讥谑、杂志、药议等十七目。这部书是内容丰富的学术著作，里面包括了沈括毕生的科研成果，还有当时的诗文掌故，街谈巷语，奇闻异说。书中，沈括对自然科学和人文科学，都分门别类地详为论述。其内容包括天文、气象、历法、数学、地质、地理、物理、生物、化学、医药、文学、史学、音乐、艺术等等，可以说应用尽有了。

沈括本人就是一个大科学家，他在《梦溪笔谈》中记下了自己在各种科研领域中所取得的成就。

例如：

沈括主张编制一部崭新的历法——《十二气历》。这种历法完全抛弃阴历，是一种纯阳历的历法。用十二节气为一年，以立春为正月初一，惊蛰为二月初一，余类推。大月31日，小月30日，一般都是大小月相间，一年之中最多有一次两个小月相连。

这种历法简单而实用，对农业极为有利，比现行的公历还要理想。这种历法在历法史上堪称是一种伟大的革命性创举。十九世纪英国气象局采用的萧伯纳历，其设想与沈括的"十二气历"是相同的。

在数学领域里，沈括首创的隙积术和会圆术，为中国传统数学开辟了新的研究方向。

沈括看到酒店和陶器店里，把缸、瓮、瓦盆之类的容器堆成一个长方垛，底层排成一个长方阵，往上长宽逐层各减一个。

沈括心里琢磨起来：

这些东西排列得这么整齐而有规律，一定会有求得其总数的简捷办法。如果一个个地去计算，那可就麻烦了。

沈括绞尽脑汁，反复思考，终于想出了解决这一问题的公式。

设最高一层纵a个，横b个，排列成一个长方形；第二层纵横都增多一个，依此类推，最低一层为第几层，纵a'个，横b'个，则全垛个数之和为：

$$[(2a+a') b+ (2a'+a) b'+a'-a]n/6$$

这种求得全垛个数之和的方程便是隙积术。

隙积术在欧洲数学中称为"积弹"，其出现要比沈括的隙积术晚五六百年。

会圆术是沈括在平面几何学方面的创造。设圆的直径为 d，弓形的高为 b，求弓形的底 c 和弓形的弧长 s 是多少？

沈括的答案是：

$$c=2\sqrt{\left(\frac{d}{2}\right)^2-\left(\frac{d}{2}-b\right)^2}$$

$$s=c+\frac{2b^2}{d}$$

上面两个公式便是会圆术。

沈括用会圆术计算，虽然只求得近似值，但已经相当精确，在实用上已经是够用了。

元代郭守敬在编制《授时历》时，用四次方程式求天球黄道积度的矢，就是用沈括的公式来列式的。郭守敬是元代杰出的科学家，他的天文测定和计算，比他的前辈都更为正确。中外学者一致认为，沈括的研究为他开了先河。

在光学方面，沈括对凹面镜成像的物理现象进行了观察，发现了焦点。对于凸面镜和平面镜，沈括也做过细致的观察和研究，科学地解释了古人铸镜时镜大则平，镜小则凸的道理。他指出镜面凸则所照的人脸放大，因此小镜子必须铸得凸一些，才能将人脸全照进去。

此外，沈括在天文学方面和地理学等方面都有很大的成就，前面已经详细论述过，这里就不赘述了。

总之，《梦溪笔谈》博大精深，为中国古代科学的传播和发展起了巨大的作用，因而被喻为"中国科学史上的里程碑"。沈括也因此被中外公认为11世纪的世界科学巨星。

除《梦溪笔谈》外，沈括所著的《良方》一书，也是非常有名的。这本书有三大特点：

一、搜集的药方特别丰富，如治小儿疾病的睡惊丸、青金丹、小黑膏等，治妇女疾病的四神散、肉桂散、大黄散等。

二、书中著录的单方，都附载着临床经验，都是有疗效的，如金液丹，几个已经气绝的小孩，服后都苏醒过来。再如四生散，沈括在河北察访途中患眼病时，服了四五次便病愈了。

三、药方的来源多种多样，有来自民间的，如四生散；有传自宫廷的，如苏合香丸；有出自家传的，如小还丹；有得自友人的，如保神丸。

《良方》一书救治了无数的病人，因而被公认为我国医学的珍贵遗产。

现在，《良方》一书因宋人附入苏轼的医药杂说，已改名为《苏沈良方》了。

沈括的其他著作，绝大多数已经失传了。

1095年（绍圣二年），沈括积劳成疾，病逝于梦溪园，享年六十五岁。一代科学巨星陨落了。

沈括的好学精神和治学态度，永远是我们的榜样。沈括的名字和生平，已载入世界科学史册，将永远是我们中华民族的骄傲。

世界五千年科技故事丛书